KB239405

교사독립선언

두 번째 이야기

교사독립선언 두번째 이야기

초판 1쇄 발행 2016년 6월 18일

지은이 ∣ 실천교육교사모임

발행인 ∣ 김병주
총괄 CFO ∣ 이기택
기획 ∣ 최윤서
편집 ∣ 허병민
디자인 ∣ 디자인붐
마케팅 ∣ 장은화, 김수경
펴낸 곳 ∣ (주)에듀니티(www.eduniety.net)
도서문의 ∣ 070-4334-2196
일원화 구입처 ∣ 031-407-6368 (주)태양서적
등록 ∣ 2009년 1월 6일 제300-2011-51호
주소 ∣ 서울특별시 종로구 삼봉로 57 종로호수빌딩 4층

ISBN 979-11-85992-22-8 (13370)
값은 표지에 있습니다.

교사가 만들어가는 교육 이야기

교사독립선언

두 번째 이야기

실천교육교사모임

3장. 꿈꾸자

『교사독립선언 두 번째 이야기』
출간을 축하합니다

교육주체인 선생님의 당당한 목소리, 전국에서 모인 선생님들의 생동감 넘치는 현장의 교육 이야기를 담은 『교사독립선언 두 번째 이야기』의 출간을 축하합니다.

한동안 우리의 교육 현실을 꼬집는 말이 '교실붕괴'였습니다. 공교육이 교육본질을 구현하지 못한 채 대학입시의 질곡 속에 매몰되고 학생은 학원과 과외를 통해 내신성적과 수능점수를 올리려고 하다 보니, 교권은 추락하고 교실은 무너져 버린 현상을 꼬집는 말이었습니다. 이러한 상황에서 자연히 선생님들은 직업적 소명의식과 교육 열의가 꺾이게 되었고, 이를 바로 잡으려는 교육 당국은 교사를 개혁의 대상으로 삼게 됨으로써 선생님들의 자존감을 떨어뜨리는 안타까운 상황이 이어졌습니다.

교육을 논하는 말 가운데 가장 많이 등장하는 표현이 '교육의 질은 교사의 질을 능가할 수 없다'는 것입니다. 이 말은 논자의 의도에 따라 여러 의미로 해석될 수 있습니다. 교육계에 우수한 인재가 많이 모이기를 바라는 마음에서 인용하는가 하면, 교육발전을 위해서는 선생님들의 부단한 자기 연찬이 필요하다는 점을 강조하는 말이기도 합니다. 선생님들의 역할을 강조하는 것으로 이해할 수 있지만, 한편으로 은근히 부담이 되는 말이어서 거부감이 들기도 합니다.

선생님들의 역할이 그만큼 중요하다면, 선생님들을 교육주체로서 인정해주는 구조와 여건이 뒷받침되어야 하는데, 우리 교육 현실은 그렇지 못한 측면이 많았습니다. 숱하게 교육과정이 개정되고 정권이 바뀔 때마다 교육개혁을 외쳤지만, 선생님들이 교육주체로서 제대로 참여하는 경우는 드물었습니다.

저는 교육감 취임과 함께 가장 먼저 추진한 일이 선생님들의 행정업무를 줄이자는 것이었습니다. 선생님이 교육본질에서 비켜나 있는 행정업무를 처리하느라 교육주체로서의 역할을 제대로 수행하지 못하여서는 안 된다고 생각했기 때문입니다. 행정업무 부담에서 벗어나 아이들 곁에서 교육활동을 펼침으로써 선생님들이 보람을 찾고, 아이들은 즐겁게 공부할 수 있는 행복학교를 실현하는 것이 저의 꿈이기도 합니다.

실천교육교사모임은 선생님이 더 이상 수동적 존재가 아니라는 점을 웅변하고 있습니다. 교육주체로서 충분한 역할이 주어지지 않는다고 주

저앉아 있는 것이 아니라 능동적으로 나서서 실천으로 변화를 이끌고 있으며, 많은 선생님의 호응을 얻고 있습니다. 저는 이 점에서 실천교육 교사모임과『교사독립선언』이 교육주체로서 선생님의 역할과 사명에 대한 새로운 지평을 열었다고 생각합니다.

『교사독립선언 두 번째 이야기』의 출간이 교육주체인 선생님들의 정당한 주장과 목소리를 충분히 담아내어, 교육현장이 열정과 웃음이 넘쳐나는 생동감 있는 곳으로 거듭날 수 있기를 기원합니다.

경상남도교육청 교육감

박종훈

모이자

우연이 반복되면 필연이다

■ 정성식(실천교육교사모임 회장)

우연한 만남

2015년 4월 25일(토) 지천으로 꽃이 흐드러지게 피던 볕 좋은 봄날이었다. 서울 청년허브 카페에서 '괴물과 고물의 학교 이야기'라는 이름으로 북 콘서트가 열렸다. 이날 『학교라는 괴물』을 쓴 권재원 교사를 보기 위해 전국에서 온 20여 명의 교사가 모여 조촐하게 모임을 가졌다. 한 번의 모임으로는 아쉬움이 많았나 보다. 살다 사랑하다 또 만나자는 약속을 하고 헤어졌는데 그 만남은 예상외로 빨리 찾아왔다.

우리가 다시 만난 것은 그해 여름이었다. 7월 11일(토) 세종 온빛초에서 '교사가 만들어가는 교육 이야기'라는 이름으로 교사대회를 열었다. 이날 대회에는 전국에서 300여 명이 참여했다. 발표자도 준비자도 참가자도 한마음이 되어 흥겨운 이야기 마당을 펼쳤고 대회장은 흥분의 도가니였다. 왜 아니겠는가? 각자의 삶터에서 고군분투하며 살던 이들인데 '혼자가 아니었구나' 하는 생각을 갖게 한 것만으로도 이 만남은 충분히 의미가 있었다. 무력감에 열패감에 주눅 들어 살아오다가 스스로 주인공이 되어 교육 이야기를 마음껏 풀어놓는 자리가 있다는 것만으로도 참가자들은 들떠 있었다.

이 분위기를 틈타 나는 작지만 의미 있는 일을 하나 시도하고 싶었다. 이날의 기억을 모아 한 권의 책으로 기록하면 좋겠다는 생각을 했다. 쉽지 않은 일이었지만, 참가자 모두 한마음으로 원고를 쓰고 다듬었다. 그해 여름은 그렇게 원고와 씨름하며 보내는 날이 많았다.

이 와중에 우리는 두 번째 이야기 마당을 준비해야 했다. 1회 모임의 평가회에서 분위기에 취해 하반기에 전북에서 한 번 더 이야기 마당을 열자고 의기투합을 한 상황이었다. 모임이 끝나고 일상으로 돌아갔지만, 1회 모임을 준비했던 이들은 다시 바빠지기 시작했다. 대회 장소를 섭외하고 발표자를 선정하고 참가자를 모집하고 구체적인 실무 준비를 하느라 정신없는 나날을 보냈다.

그렇게 다음 모임을 준비하며 내내 머릿속에 머물던 생각이 있었다. 이제 이 모임은 더 이상 우연일 수 없고 우연이어서도 안 된다는 것이었다. 그러자면 보다 주도면밀하게 움직일 필요가 있었다.

교육의 주체로 서서 당당하게 목소리를 내자

계절은 어느덧 가을로 접어들고 있었다. 가을의 절정에 우리는 2회 모임을 열었다. 이 모임이 열리는 날에 맞추어 1회 모임의 기록을 담은 책을 하나 내기로 했다. 모임 그 자체만으로도 의미가 있지만, 모임의 진행 과정과 모임에서 나눈 이야기를 생생하게 기록물로 남기는 것도 어떤 식으로든 의미가 있을 것이라는 생각으로 시작한 일이었다. 바쁜 와

중에도 일은 척척 진행되어 세종 모임에서 나눈 이야기는 『교사독립선언』(에듀니티)이라는 제목의 책으로 엮였다. 우리는 이 책에 모임이 있기까지의 과정, 발표자들의 이야기, 참가자들이 현장에서 함께 나눈 이야기, 참가 후기 등을 생생하게 담았다. 이 책의 출간일을 2회 모임이 열리는 시월의 마지막 날로 잡았던 것도 이유가 있었다. 더 이상 우연일 수 없는 우리 모임을 더 튼튼하게 세우는 데 어떤 식으로든 이 책이 도움이 될 것이라는 기대감이 있었다. 이 책의 이름을 우리는 1차 모임에 참석한 교사들과 함께 SNS에서 투표까지 해가며 '교사독립선언'이라 지었다. 교사가 교육의 주체로 서서 당당하게 목소리를 내자는 간절한 열망을 담은 것이다.

익산에서 다시 만나다

의도한 대로 우리는 『교사독립선언』이 나오는 날인 2015년 10월 31일(토)에 익산에 있는 전북교육연수원에서 두 번째 '교사가 만들어가는 교육 이야기 마당'을 열었다. 한 번의 경험이 있고 나니 두 번째 마당을 준비하는 것은 그래도 처음보다는 수월했다. 2회 모임에는 1회 모임의 발표자들이 자원봉사자를 자처하여 적극적으로 임해주었다. 차승민, 이윤미, 황장원, 정유진 교사가 행사장을 함께 둘러보며 꼼꼼하게 계획을 세

웠다. 참쌤스쿨의 김차명 교사는 웹자보 제작에 도움을 주었다. 만반의
준비를 마치고 참가자를 모집했고 시월의 마지막 날은 곧 찾아왔다.

미륵산자락에 자리한 전북연수원 진입로에 길게 드리워진 은행나무
에도 가을이 깊게 찾아들었다. "교사가 만들어가는 교육 이야기를 나누
고자 새벽을 깨우고 온 그대, 반갑습니다"라는 문구의 펼침막이 노란 은
행잎 사이로 나부끼고 있었다. 두 번째 이야기 마당의 표어는 '모이자!
떠들자! 꿈꾸자'였는데 전국에서 200여 명의 교사가 이른 아침부터 모
여서 떠들고 꿈꾸기 위해 전북연수원을 찾았다.

발표자들은 먼저 도착해서 빈 강의실에서 간단한 회의를 했다. 처음
만나는 이들도 있어서 서먹할 줄 알았는데 그동안 온라인으로 소통한
덕분에 자주 만났던 벗처럼 금방 서로 친해졌다. 간단한 회의를 마치고
서로 화합을 다지는 시간을 가졌다. 이 기세라면 오늘의 무대도 성공을
예감할 수 있는 분위기였다.

익산 모임도 1회 세종 모임과 같이 오전과 오후로 나누어 2부로 진행
했다. 1부는 발표자들의 이야기 마당이었고 2부는 참가자들이 자유롭게
어울리는 마당이었다. 1부의 발표자는 학교급별, 성별, 나이 등을 고려

하여 9명을 미리 선정했다. 오전 10시가 되자 180명이 입장 가능한 미륵관 1층 강의실은 빈자리를 찾을 수 없을 정도로 빼곡하게 들어찼다.

김택수 교사의 마술쇼로 막이 올랐다. 동작 하나하나에 박수와 함성이 터져 나왔다. 분위기는 좀 더 무르익었다. 본격적인 식을 시작하기에 앞서 1부 진행을 맡은 나는 이야기 마당의 개회를 선언했다. 곧바로『교사독립선언』저자들을 연단으로 불렀다. 따로 출판기념회는 하지 못하더라도 출판을 기념하는 조촐한 의식이라도 갖고 싶은 의도였다. 저자들은 간단하게 각자 소감을 발표하고 "교사독립"을 외쳤고 청중은 "만세" 삼창으로 화답했다. 예정에 없던 의식이었던 탓에 행사장 밖에서 자원봉사를 하고 있던 정유진, 이윤미 교사는 이 자리에 함께하지 못해 아쉬움이 남기도 했다.

드디어 본격적으로 1부의 막이 올랐다. 순서에 따라 이성우, 이부영, 윤일호, 신동하, 김현진, 이영근, 이태정 교사의 이야기가 이어졌다. 15분이란 시간은 교사의 삶을 이야기하기에는 턱없이 부족하다. 이미 1회

'교사독립'을 외치는 저자들

모임에서 경험했지만, 더 많은 교사의 이야기를 듣기 위해, 발표 시간을 늘릴 수는 없었다. 이야기에 심취하여 정해진 시간을 종종 넘기는 발표자에게 시간을 알려주기 위해 강의실 맨 뒤에서 지항수 교사는 피켓을 들고 남은 시간을 안내하기까지 했다. 발표자로 나선 교사들은 짧은 시간인 만큼 정제된 언어로 혼신의 힘을 다해 자신의 삶을 풀어냈다.

오전 마당이 끝나고 미리 준비한 도시락으로 점심식사를 했다. 발표자가 9명이나 되다 보니 오전에 이야기를 다 들을 수 없었다. 못다 한 이야기를 듣기 위해 다시 강의장으로 모였다. 오후 마당은 안화용 교사가 감성 어린 노래로 열었다. 세월호의 아픔을 담은 노래 '공중'을 들으며 다 같이 아파했다. 이어서 김승환 교육감이 연단에 섰다. 해외 출장을 마치고 돌아와 채 여독도 풀리지 않은 몸이었지만, 헌법학자로서 교사들에게 전하는 메시지는 울림이 있었다. 강의를 마치면서 낭송한 윤동주의 시 '별 헤는 밤'도 청중을 감동시키기에 충분했다. 그리고 이 분위기를 이어받아 김택수 교사의 이야기를 끝으로 발표자들의 이야기는 모두 끝이 났다.

시간 관계상 발표자들이 미처 다 하지 못한 이야기는 2장에서 저자의 글을 통해 직접 만날 수 있다. 각 글에는 이날의 강의를 촬영한 영상을 QR코드에 담아 덧붙여서 발표자들의 이야기를 직접 들을 수 있도록 했다. 세종 모임에서와 마찬가지로 익산 모임에도 에듀니티 촬영팀이 동행하여 강의 장면을 영상에 담아 기록하였기에 가능한 일이었다. 이 자리를 빌려 우리의 이야기 마당 진행에 많은 도움을 주고 있는 에듀니티에도 감사의 인사를 전한다.

오후 2시가 되어서야 1부가 끝이 났다. 2부를 시작하기 전에 우리는 미륵산을 배경으로 연수원 앞 잔디밭에서 모여 기념사진을 찍었다. 모든 일정이 끝나고 찍는 것이 일반적인 순서일 테지만, 2부까지 마치고 나면 어두워질 무렵이니 가을볕이 좋은 시간에 우리의 생생한 모습을 담아두기로 했다. 사회자가 "교사독립선언"을 크게 외쳤고 우리는 모두

함께 "만세"를 외치며 멋진 포즈를 취했다. 이렇게 담은 이 사진을 서준호 교사가 페이스북에 올리자 함께 참여했던 이들이 태그 릴레이를 했다. 태그에 덧붙여 댓글도 이어졌는데 그중에는 "마치 청와대 앞에서 찍은 것 같다"는 글도 있었다. 그러자 우리 모임이 번창하여 "청와대 앞에서 찍을 날도 곧 오지 않겠느냐?"고 화답하는 이도 있었다.

단체 사진 촬영 후 우리는 곧바로 미륵관 2층 강당으로 이동했다. 2부는 정유진 교사의 사회로 '사람책 도서관'을 주제로 이어졌다. 모둠을 미리 나누지도 않았다. 요가 매트를 삼각형 모양으로 바닥에 깔았고 그 자리에 세 명씩 둘러앉았다. 모두 자리에 앉자 정유진 교사가 미리 준비한 도화지로 만든 책자를 하나씩 나누어 주었다. 그 속에 자신의 삶과 더불어 동료 교사들과 현장에서 함께 나눈 이야기를 기록하고 그 기록을 토대로 다시 이야기를 이어갔다. 어떤 삶이 수첩에 기록되었고 그 자리에서 어떤 이야기가 오갔는지는 3장에서 정유진 교사의 글을 통해 만날 수 있다.

이야기 마당이 끝나자 미륵산 자락에는 벌써 어둠이 내리고 있었다. 헤어짐이 아쉬운 벗들은 삼삼오오 모여 사진을 찍기도 했고 다음 만남을 기약하며 아쉬운 작별을 했다.

시월의 마지막 밤, 창립총회를 열다

두 번째 이야기 마당은 끝이 났지만, 공식적인 또 하나의 일정을 남겨두고 있었다. 저녁 식사와 더불어 평가회도 가져야 했고 우리 모임의 창립총회를 앞두고 있었다. 이 일정을 추진하기 위해 익산시 용안면에 위치한 '용머리고을'이라는 펜션으로 30분 남짓 자가용을 타고 모두 이동했다. 농어촌공사에서 운영하는 펜션은 숙박시설은 물론이고 식당, 세미나실 등의 부대시설도 갖추고 있었고 가격도 저렴해서 총회 장소로 안성맞춤이었다. 이 자리는『교사독립선언』저자들과 당일 모임의 발표자를 포함하여 참가를 희망한 사람들에게 미리 신청을 받아 준비했다.

저녁 식사를 마치고 평가회를 하기 위해 인원을 확인해 보니 총 42명이 참석했다. 먼저 교사가 만들어가는 교육 이야기 마당의 평가회를 했다. 평가회는 포스트잇에 이번 모임에 대한 의미를 간단하게 적어보고 돌아가면서 이야기를 덧붙이는 방식으로 진행했다.

아래는 포스트잇에 작성한 내용을 모은 것이다. 이 짧은 메모를 토대로 우리는 두 번째로 열었던 교사 모임의 의미에 대해 서로의 생각을 나누어 보았다.

- 하나같이 교육에 대한 진지한 고민과 치열한 자세를 가진 선생님들과의 만남이 정말 감동이다.
- 토닥토닥 따스함
- 일꾼들 고마움 위에 얹은 가을 하늘 아래의 행복
- 연결의 힘, 즐거움
- 만남은 그다음 만남이 되고, 힘이 생기지요.
- 서로가 같은 방향을 향해 서 있다는 사실이 참 반갑고 시간이 지나도 초심이 변하지 않고 발전하기를 기원합니다.
- 지역에서 가능할까? 전국에서 지역, 학교로

- 내가 선택해서 온 모임, 그래서 너무 행복하다.

- 만나니 즐겁다.

- 차갑지만 맑은 10월 마지막 날, 행복한 웃음이 보기 좋았다.

- 함께 만나 재미와 의미를 느낀다.

- 모두 수고하셨어요. 함께해서 좋아요.

- 어디로 갈 것인가? 무엇을 할 것인가? 자꾸 되묻게 된다.

- 신바람 나는 선생님들 만나서 행복하다.

- 여기 안 오면 뒤처진다. 깨어있자.

- 여기 우리가 살아있음의 의미를 언제나 잊지 않기

- 내가 걸어온 길을 뒤돌아본다.

- 방향 설정에 대해 고민해보기

- 비우러 와서 채우고 감, 목표 달성!

- 300킬로미터 혼자 오는 길, 외롭지 않았다.

- 열정이 세상을 바꾼다.

- 이제 발 뻗고 잘 수 있겠다. 르네상스가 시작되었다. 즐겁지 아니한가?

- 낯설고 신선했다.

- 다음에 선생님들 다시 만나고 싶다.

- 1차와 2차는 같지만 달랐다.

이렇게 평가회를 마치고 우리 모임의 창립총회를 가졌다. 먼저 우리 모임의 성격과 방향을 논의했다. 각자의 의견 개진이 있었고 이를 종합하여 모임의 목적과 성격을 정하고 정관을 함께 만들었다. 총회에서 확정한 정관은 다음과 같다.

실천교육교사모임 정관

제1장 총칙

제1조 [명칭]

본회는 실천교육교사모임(이하 본회)이라 칭한다.

제2조 [사무소]

본회 사무소의 소재지는 총회의 위임을 받아 이사회에서 정한다.

제3조 [목적]

본회는 교사들의 교육 실천과 연구를 공유하고 이를 바탕으로 교육 전문성의 함양을 지원하며, 아울러 실천교육학을 발전시키며, 각종 교육 및 학술 자료를 개발하고 공유하는 것을 목적으로 한다.

제4조 [사업]

본회의 사업은 다음과 같다.

1. 회원간의 상호 친목 도모

2. 회원간의 교육실천 공유

3. 공동의 교육연구 및 자료개발

4. 연구 및 개발결과의 공유 및 보급

제2장 회원

제5조 [회원 구성]

본회는 임원과 회원 및 명예회원으로 구성한다.

제6조 [회원 자격]

1. 회원은 교사로서 본회의 목적에 찬동하고 입회원서를 제출한 사람으로
   한다.

2. 명예회원은 교육에 관심이 있으며 본 회의 목적에 찬동하고 입회원서를 제출한 사람으로 한다.

3. 임원은 회원 중에서 총회에서 출석회원 2/3 이상의 찬성을 얻은 사람으로 선정한다.

제7조 [의무 및 권리]

1. 모든 회원은 이 단체의 정관 및 결의사항을 준수하고 소정의 회비를 납부할 의무를 지닌다.

2. 모든 회원은 총회를 통하여 이 단체의 운영에 참여하며, 발의권, 선거권, 피선거권을 갖는다.

3. 모든 명예회원은 이 단체의 정관 및 결의사항을 준수할 의무를 지닌다. 단, 명예회원의 회비 납부는 본인의 선택에 따른다.

4. 모든 명예회원은 이 단체의 운영에 의견을 개진할 수 있으며, 소정의 회비를 납부한 경우 이 단체가 제공하는 각종 자료와 지원을 받을 권리를 가진다.

제3장 임원

제8조 [임원]

본회의 임원은 회장 1인, 부회장 1인 이상, 감사 2인, 약간 명의 이사와 고문으로 구성한다.

제9조 [임원의 선임]

1. 임원은 정기총회에서 출석회원 2/3 이상의 찬성을 얻은 사람으로 선정한다.

2. 회장은 이사회의 동의를 얻어 간사 등 약간 명의 실무 임원을 임명할 수 있다.

제10조 [임원의 임무]

본회 임원의 임무는 다음과 같다.

1. 회장은 본회를 대표하며 회무를 통괄하고 임원회의 의장이 된다.

2. 부회장은 회장을 보좌하며 회장 유고 시 이를 대행한다.

3. 이사회는 회원의 가입 승인 및 본회의 중요사업을 의결한다.

4. 감사는 본회의 회무와 회계를 감사하고 보고한다.

5. 간사는 본회의 총무, 홍보, 연구, 재무, 섭외, 연락 등의 업무를 각각 담당
   한다.

제11조 [임원의 임기]

임원의 임기는 회장은 초대에 한하여 3년으로 하고 나머지는 모두 2년으로
하며, 연임 및 중임이 가능하며, 결원이 있을 때에는 이사회에서 보선하며
그 임기는 잔여 임기로 한다.

제4장 회의

제12조 [회의의 종류]

본회의 회의는 다음과 같이 둔다.

1. 총회는 정기총회와 임시총회로 구분하되, 임원회의 결의에 의하여 회장
   이 소집하며 회칙개정, 회장단 선출, 사업보고와 결산, 사업계획과 예산편
   성 및 기타 중요 사항을 다룬다.

2. 이사회는 회장, 부회장, 이사로 구성하며 필요에 따라 수시로 회장이 소
   집하고 사업 활동의 방침과 계획을 세운다.

제13조 [개회 정족수]

총회 및 기타 회의는 회장과 감사를 포함하여 5인 이상의 발의로 개최한다.

1. 총회는 회장과 감사를 포함하여 5인 이상의 발의로 개최한다.

2. 기타 회의는 회장을 포함하여 3인 이상의 발의로 개최한다.

제14조 [의결 정족수]

의결은 출석회원의 과반수로 한다.

제5장 재정

제15조 [재정]

본회는 비영리 단체로서 원칙적으로 입회비와 연회비 이외에는 별도의 수입원을 두지 않으며, 기타 수입이 발생할 경우 이를 회원에게 분배하지 아니한다.

제16조 [회비책정]

본회의 입회비와 연회비는 이사회에서 결정한다.

제6장 부칙

제17조 [회칙개정]

본회의 회칙개정은 총회에서 출석회원 2/3이상의 찬성을 얻어야 한다.

제18조 [미비사항]

본회의 미비된 사항은 관례에 준한다.

제19조 [시행]

본 회칙은 대표자를 포함하여 회원 전원이 회원 명부(별첨)에 기명날인이나 서명을 함으로써 2015년 10월 31일부터 시행된다.

이후에는 정관에 따라 임원을 선출하였다. 임원으로는 회장 정성식, 부회장 차승민, 이사 정유진, 김현진, 감사 이윤미, 김성효, 고문으로 이성우, 권재원이 각각 선출되었다. 임원 선출 이후에 구체적인 사업계획

에 대한 논의도 이어져야 했으나 언제까지 회의만 하고 있을 수는 없었다. 회원 간의 친목을 도모할 시간도 필요했다. 따라서 사업계획은 2016년 1월 30일(토)~31일(일)에 정기총회 자리에서 논의하기로 하고 이후의 시간은 뒤풀이로 이어갔다. 밤이 깊어질수록 이야기도 깊어 갔다. 그리고 그렇게 익산에서의 두 번째 모임이 끝나갔다.

제1회 정기총회, 대화는 길었고 회의는 짧았다

어느덧 해는 바뀌었고 정기총회 날짜가 다가왔다. 제1회 정기총회 또한 기존 발기인 이외에 페이스북을 통해 참가를 희망하는 이들을 모집했다. 총회 이외에는 별도의 프로그램을 마련하지 않았음에도, 70여 명이 참가를 희망했다. 전국 각지에서 모이기에 적합한 곳으로 대전이 물 망에 올랐고 유성유스호스텔을 총회 장소로 정했다.

임원진은 총회를 준비하며 두 가지를 고민했다.

첫째, 짜인 일정에 수동적으로 참가하기보다 참가자들이 주체적으로 만들어가는 프로그램으로 진행하면 어떨까?

모둠 구성, 강의 등 운영진에서의 기획을 최소화하고 참가자들이 스스로 일정을 만들어가도록 하고 싶었다. 그래서 모둠 구성도 각자 알아서 하도록 하고, 일정이 없는 시간을 마련하여 자유롭게 시간을 보낼 수 있게 했다. 그러나 모든 일정을 이렇게 추진하기에는 부담이 있어서 일부의 프로그램은 운영진에서 준비하기도 했다.

둘째, 총회라는 딱딱한 회의 방식을 바꿀 수 없을까?

보통의 경우 총회가 끝나면 뒤풀이 형식으로 친교의 시간을 갖는데, 이번 총회에서는 순서를 바꾸어보고 싶었다. 처음 대면하는 이들도 있는데 당장 회의부터 하는 것은 서로 부담일 것 같았다. 그래서 솔직한 생각을 부담 없이 나누는 시간을 먼저 가졌다. 그 시간이 길었다. 첫날은 아예 이렇게 보내고 회의는 이튿날 오전에 두 시간에 걸쳐 마쳤으니

제1회 정기총회, 저자 재요청해야 할 듯

대화는 길었고 회의는 짧았다.

정기총회에서는 3가지 안건을 논의했다.

1호 안건으로 우리 모임의 방향에 대하여 토의했다. 추상적인 구호에서부터 시급하고 절실한 요구까지 다양한 의견이 표출되었다. 연구회, 노동조합, 교원단체 등 형식적인 틀에 대한 고민에서부터 원하는 이상을 구성하기 위한 새로운 형태의 조직이 필요하다며 만들어가는 모임을 제안하기도 했다. 모임 참가 동기, 상황 인식 등이 다양하니 구체적인 위상을 확립하기가 쉽지 않았다. 그러나 조직과 나와의 관계에 대해서는 이견이 없었다. 다음의 원칙을 바탕으로 구성원이 함께 만들어가는 모임을 만들자는 것이다.

첫째, 조직과 개인의 관계가 의무가 아닌 기회가 되는 관계를 만들어야 한다.
둘째, 조직의 구성원들이 주체성을 갖도록 의사결정 과정에 깊은 민주주의 방식을 운용한다.

2호 안건으로 '교사가 만들어가는 교육 이야기' 운영 방안을 논의했다. 당분간 기존 방식에 큰 변화를 주기는 어려우니 기존 방식에서 크게 벗어나지 않으면서 학기당 1회 지역을 순회하기로 했다. 그리고 다음 개최 장소로 2016년 6월 18일(토) 경남 창원을 선정했다. 단, 이 모임은 이 사회에서 직접 준비하지 않고 별도의 준비위원회를 꾸려서 진행하는 것으로 의견을 모았다. 그 자리에서 바로 10명으로 구성된 준비위원회를 꾸리고 지항수 교사를 위원장으로 선출했다. 이후에 준비위원회는 온오

교사가 만들어가는 교육 이야기 준비위원

프 모임을 통해 준비위원을 확충하기도 하면서 제3회 교사가 만들어가는 교육 이야기 마당을 실질적으로 준비했다.

3호 안건으로 회원 모집 및 회비 납부 방안을 논의했다. 논의 결과 회원 모집은 단체 등록을 마치는 대로 바로 시작하기로 했고 회비는 이사회에서 정하여 CMS로 받기로 했다.

정기총회 결과에 따라 우리 모임은 수익사업을 하지 않는 비영리법인으로 단체 등록을 마치고 제3회 교사가 만들어가는 교육 이야기 마당을 준비하고 있다. 단체 등록에 힘입어 회원들은 지역별 소모임, 번역팀, 교육 이야기 준비팀 등의 모임을 주도적으로 운영하고 있다. 이 모임들의 성과를 모아 조만간에 우리 모임의 이름으로 번역 서적, 현장연구 서적이 출간될 예정이다. 아직도 불분명하지만 우리는 애초에 마음먹은 대로 연구하는 교사, 실천하는 교사의 본이 되기 위해 노력하고 있다.

우리가 길이다

"실천교육교사모임이 뭐 하는 곳이냐?"

최근에 가장 많이 듣는 질문 가운데 하나다. 실천교육교사모임의 이름으로 '교사가 만들어가는 교육 이야기' 마당을 두 번 개최하고 나니 만나는 이마다 이렇게 물어온다. 이 모임의 정체가 무엇이냐는 것이다. 호감도 있지만, 경계의 눈초리도 있다. 상황에 따라 답변을 가려서 하지만, 얼렁뚱땅 이 모임의 회장을 맡게 된 나도 명쾌하게 대답하기가 쉽지 않다. 모임의 진행 상황을 에둘러 말하는 것으로 답을 대신했지만, 분명한 대답이 되지 못하리라는 것은 대답하는 내가 잘 알고 있었다.

지금까지 이야기를 정리해보면 이렇다. 일면식도 없는 독자들이 페이스북을 통해 날짜를 잡고 저자를 강제소환(?)하여 갖게 된 『학교라는 괴물』 북 콘서트가 이 모임의 시작이었다. 온라인에서 소식을 주고받던 이들이 갖게 된 이 모임이 있고 나서 한 번으로 끝내기에는 아쉬움이 남아 다시 온라인 그룹을 만들고, 여기서 마구 쏟아진 의견을 모아 '교사가 만들어가는 교육 이야기' 마당을 열었다. 기획, 강사 섭외, 장소 선정 등의 굵직한 준비 외에도 사람을 맞이하는 데 필요한 실무가 많았지만, 이 모든 일은 뚜렷한 조직 체계도 없는 이들이 서로 하겠다고 나서며 스스로 하고 있다.

기존 교원연수의 틀을 거부하며 히피족처럼 떠돌며 세종과 익산 두 번의 대중교사모임을 갖더니 힘에 부쳤는지 익산 모임을 갖고 나서는 형식상의 조직 체계를 갖추었지만, 여전히 느슨하다. 이러고도 성이 차지 않았는지 이 과정을 담아 『교사독립선언』이라는 제목을 붙이고 책을

냈다. 제목에서도 알 수 있듯이 교사가 교육의 주체로 서고자 하는 강렬한 메시지를 담았다. 우리는 이 책과 페이스북 그룹에 우리 모임을 다음과 같이 소개하고 있다.

"현장과 동떨어진 교육정책, 고담준론만 일삼는 교육학에 소외받던 교사들이 모여서 만들었다. 교육학을 실천하는 교사들이 더 이상 수동적인 대상이기를 거부하고 교육정책과 교육학의 능동적인 생산자이자 주체임을 선언한다. 이 모임을 통해 우리는 교사들의 교육 실천과 연구를 공유하고 이를 바탕으로 교육 전문성의 함양을 지원하며, 아울러 실천교육학을 발전시키며, 각종 교육 및 학술 자료를 개발하고 공유할 것이다."

창립총회와 정기총회, 두 번의 공식 회의를 갖고 법인으로 보는 단체를 만들었지만, 그간의 과정이 SNS를 통해 상세하게 소개되어 교육운동에 관심 있는 사람이라면 우리 모임의 움직임을 어느 정도 알고 있다.

승진안행(승진점수 안 모아도 행복할 선생님) 페스티벌

외국서적 번역 출간을 준비하는 연구팀

우리는 온라인에서 왕성하게 활동하다가 심심할 무렵이면 오프라인 모임을 만들어내는데 기획도 엉성하다. 짜인 틀에 맞추기보다 참가자들이 스스로 만들어가도록 방치하기도 한다. 놀랍게도 이런 모임에 20대에서부터 50대까지 다양한 연령층이 참가한다. 20~30대 젊은 교사가 많이 참여하다 보니 모임의 기운도 싱싱하다. 속 이야기를 나누어 보면 기존의 굵직한 교원단체인 교총, 전교조, 좋은교사에서 활동하는 교사를 비롯하여 여러 모임에서 활동하는 이들도 있지만, 그저 사람이 좋아서 찾아오는 사람도 적지 않다.

뚜렷하게 정해진 노선도 강력한 지도부도 없다. 심지어 가장 중요한 행사인 '교사가 만들어가는 교육 이야기' 마당도 이 모임에 처음 참가한 이들을 포함하여 젊은 교사들이 주축이 되어 기획한다. 모임 안에서 번역, 현장연구 등의 공동 작업을 기획하고 실행하고 있다. 모임의 연구, 실천의 성과를 특정인이 가져가지도 않고 다시 모임으로 되돌려준다. 자기 삶의 경험을 기록하고 공유하는 것을 즐긴다. 전국 단위 모임을 몇 차례 가지더니 지역 모임으로까지 이어지고 있다. 이것이 딱 이 모임의 실체다. 그러니 더 이상 실천교육교사모임이 뭐 하는 곳이냐고 묻지 마라. 그렇게 궁금하거든 우리 모임은 누구에게나 열려 있으니 언제든지 찾아와서 직접 경험해 보기를 권한다.

사실은 지금 이 글을 쓰는 나도 이 모임의 정체가 무엇인지, 어디서 이런 움직임을 추동해내는지 궁금할 때가 많다. 그래서 글을 쓰다 말고 우리 모임의 온라인 소통 공간인 페이스북과 밴드에 '우리 모임에 있고 없는 것'이 무엇인지 회원들께 물었던 적이 있다. 정체를 확인하는 데 '있고 없는 것'만큼 확실한 것은 없으니 말이다. 잠깐 사이에 많은 답글이 달렸다. 이 가운데 일부를 소개한다.

● **우리 모임에 있는 것은?**

수평적인 대화, 환대, 경청, 공감, 웃음, 젊은이, 생각 있는 생각, 다양성과 이의 수용, 사이다, 격려, 희망, 발전, 배움의 욕구, 지속적인 성찰, 상당한 연구, 민폐를 끼칠만한 열정, 좌우지간 자발성, 각종 의분, 꺼내놓는 용기, 혁신 에너지, 평등한 소통, 항시 존중과 배려, 배우고 나누려고 경청, 넘치는 개그 본능, 자발성과 활기, 나, 나이 고하를 불문한 상대에 대한 존중, 재미, 교육, 친구, 동료, 다른 사람에 대한 애정과 그리움, 상호존중과 믹스된 감시(특정인에게 권한이나 의미가 과도하게 부여되지 않도록), 구성원 모두가 자신만의 색깔 보유(+할 수 있는 분위기), 교사 전문성, 나 자신, 자존감, 민주, 주관, 사람, 노래와 소맥 그리고 열정, 가입탈퇴가 자유롭다는 밀당, 공감과 격려, 수용적인 갑론을박, 반성적 사고, 예술과 풍류, 친목, 참이슬(남음, 재고 있음), 싸이키(35,000원), 사투리, 유머, 새로운 시도, 긍정적 부담, 검은 머리카락 …

● **우리 모임에 없는 것은?**

눈치 보기, 권위주의, 꼰대, 생각 없는 생각, 경직된 위계, 노답, 강요, 무시, 타성, 강요, 부담, 위아래, 안정성과 체계성은 아직…, 저들, 운동성이 필요, 노잼, 억압, 승진컨설팅, 다툼, 성리학적 유교질서(?), 교육이 아닌 것, 질투, 독재, 개, 노래방과 양주 그리고 호객행위, 서열, 틈, 압박, 잠, 맥주(마심), 싸이, 서울말씨(없다기보다 적음), 깝, 답습, 이념, 독선 …

더도 덜도 없다. 딱히 내세울 것도 없고 감추는 것도 없다. 이것이 딱

이 모임의 실체다. 주목받을 만큼 특별한 모임은 아니다. 대한민국의 모든 교사가 갖고 있는 열망을 풀어내기 위해 그저 교사들이 '모이고 떠들고 꿈꾸자'는 소박한 움직임일 뿐이다. 움직임은 소박하지만, 여기에는 교사가 교육의 주체로 서고 싶다는 강한 열망이 있다. 그리고 이를 실현하기 위하여 행동하겠다는 의지도 있다. 이를 우리는 '실천교육'이라 부르고 이 길을 당당하게 걸어가기 위한 의지를 담아 '교사독립선언'을 외치는 것이다.

이 선언에는 저항, 개선, 자각의 의지가 담겨있다. 무엇에 저항하는가? 교육과정을 포함한 교육정책을 독점해 온 정치권력, 교육학자, 교육관료에게 더 이상 교사들이 맹목적으로 휘둘리지 않겠다는 것이다. 무엇을 개선하는가? 교육을 가로막는 부당한 제도와 관행을 수용하기보다 이에 맞서 적극적으로 바꾸어 나가려는 시도를 하겠다는 것이다. 무엇에 대한 자각인가? 이렇게 살기 위하여 교육을 실천하는 교사로서의 삶을 주체적으로 자각하고 교육학의 소비자가 아니라 능동적인 생산자가 되겠다는 통렬한 자각이다.

이렇게 힘주어 강조하기는 했지만, 여전히 모호하다. 이로 인해 간혹 우리 모임의 정체성과 관련한 논쟁이 일기도 한다. 분명한 것은 이 모임에 열성을 갖고 참가하는 이들조차도 이 모임이 어디로, 어떻게 갈지 명확하게 제시하며 이를 강하게 어필하는 이가 없다는 것이다. 운영 방향에 대한 불명확성은 단체가 갖는 치명적인 결함일 수도 있지만, 나는 거꾸로 이를 다행이라 여긴다. 적어도 우리 모임에는 꼰대 짓 하는 이가 없으니 말이다.

그래도 명색이 회장인 나는 우리 모임의 진로에 대해 종종 고민한다.

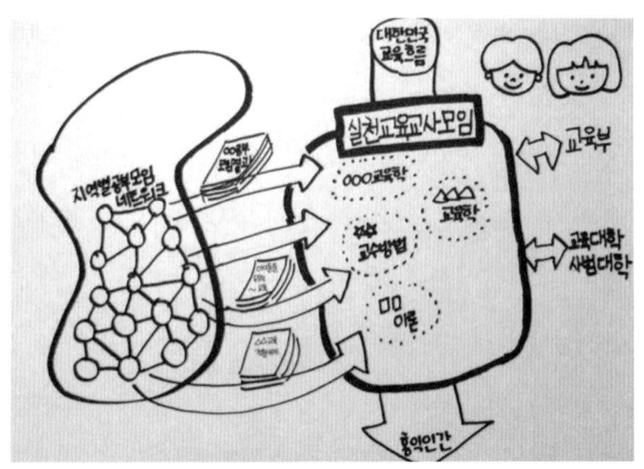

이런 고민을 하던 중에 정기총회에 참석했던 김미연 교사가 페이스북에 올린 그림이 눈길을 끌었다. 우리 모임에 처음으로 참석했다는 김 교사는 이 그림에 우리 모임에 거는 기대와 희망을 담았다. 김 교사는 이제 갓 교직에 들어선 초임 교사다. 때 묻지 않은 그 눈으로 이제 갓 태동하는 우리 모임에 거는 벅찬 기대를 이 그림에 담았다. 머지않아 이렇게 될 것이라는 대책 없는 내 마음과도 참 닮아있다. 교사로 사는 동안 이런 그림을 그리며 산다는 것은 참 유쾌한 일이다. 더구나 이 그림을 함께 그릴 사람이 있다는 것은 서로에게 엄청난 의지가 되고 힘이 된다.

우리 모임은 불분명하지 않다. 분명하지 않다면 우연한 만남이 이렇게 계속 이어질 수 없다. 우리 모임은 꿈꾸는 교사라면 누구에게나 닿을 필연이다. 그렇다면 망설이지 말고 오라. 우리 함께 여기에 모여 새로운 교육의 역사를 쓰자.

2장

떠들자

교사의 삶

Both Sides Now
통합적 시각으로
교육 바라보기

■ 이성우(경북 다부초등학교 교사)

들어가는 말 : Both Sides Now

　작년 10월 전북연수원에서 열린 실천교육교사모임에서 '교육철학'에 관한 주제로 강의해 달라는 요청을 받았다. 사실, 15분이라는 짧은 시간 철학에 관한 어떤 담론을 펼쳐 내는 것은 무리였다. 시간적 압박 속에 하고자 했던 이야기를 마무리 짓지 못하고 무대에서 강제로 쫓겨나다시피 했던 그 날의 상황은 두고두고 유감으로 남아 있었다. 그러던 차에 이렇게 글로 그때 못한 이야기를 풀어낼 기회를 주시니 출판사 측에 감사할 따름이다.^^

　내가 그 자리에 설 수 있었던 것은 작년 7월에 출간한 내 초라한 책『교사가 교사에게』(우리교육)가 발단이 되었다. 제목에서 보듯 이 책의 주 독자층은 교사이다. 이 책은 총 4부로 구성되어 있는데, 책을 읽은 많은 선생님이 다른 부

분은 쉽게 읽히는데 3부의 내용이 다소 어렵다는 말씀을 주셨다. 그래서 그 날 강의를 거기에 맞춰 풀어가려 했다.

무릇 교사는 지적으로 성장해 가는 사람이다. 나의 지적 여정에서 어느 순간 내가 성큼 성장했다는 생각이 든 때가 있었다. 개인이 지적으로 성장한다 함은 철학적으로 성장하는 것을 뜻한다고 본다. 많은 양의 독서를 통해 지식을 축적한들, 양적 팽창이 질적 발전으로 이어지기 위해서는 '인식론의 성장'을 통하지 않고선 불가능한 법이다. 내 경우는 지금 논하는 이 인식론의 틀(framework)을 갖게 된 이후 사고의 질적 발전이 이루어졌던 것으로 생각한다. 나의 책에선 이 틀을 '통합적 시각'이라 일컬었다. 책의 곳곳에서 통합적 관점으로 이야기를 풀어 갔지만, 특히 3부의 글은 모두 그런 내용이다. 이 때문에 3부가 어렵게 읽히는 것이지만, 통합적 인식론을 이해하면 어느 정도 흥미 있게 읽어 가리라 본다.

모든 사물은 상호대립적인 두 속성을 동시에 품고 있다. '통합적 시각'이란 사물의 대립적인 두 속성을 각기 따로 보는 것이 아니라 같이 바라보는 것을 말한다. 이 통합적 인식론을 잘 설명하는 노래가 있다. 이 흥미 있는 노랫말 속에 통합적 시각의 정수가 녹아 있다. 이 노랫말을 음미해봄으로써 통합적 시각을 쉽고 흥미 있게 이해할 수 있으리라 생각한다. 이 노래는 1968년에 조니 미첼(Joni Mitchell)이라는 싱어송라이터가 만든 'Both Sides Now'이다.

and feather canyons everywhere 여기저기에 늘린 깃털 계곡

I've looked at clouds that way 이런 식으로 구름을 봐왔어

But now, they only block the sun 하지만 이젠 그것들이 해님을 가려

they rain and snow on everyone 우리에게 비와 눈을 뿌려

So many things I would have done 하고 싶은 일이 무척 많았건만

but clouds got in my way 구름이 늘 내 앞 길을 가로 막았어

I've looked at clouds from both sides now 구름의 두 측면을 봤어

From up and down 상승적 측면과 하강적 측면을 말이야

and still somehow 때로 그것은 소강상태를 보이기도 해

It's cloud illusions I recall 내가 기억하는 구름은 현상일 뿐

I really don't know clouds... at all 진정 나는 구름의 본질을 알지 못해

사춘기의 문학소녀일 법한 화자는 하늘에 떠 있는 구름을 바라보며 그 역동적인 변화의 양상을 나름 심오한 수사로 표현하고 있다. 맑은 날 동화같이 아름다운 풍경을 선사하던 구름이 기상 변화로 비구름으로 변하며 우리를 불편하게 한다. 여기서 주목할 것은, 아름다운 구름과 불편한 구름이 별개의 것이 아닌 한 몸인 점이다. 같은 구름 속에 밝은 측면과 어두운 측면이 함께 존재하는 것이다.

이어지는 2절과 3절에서 화자는 각각 사랑과 인생에 대해 노래한다. 청춘남녀가 죽고 사는 사랑이야말로 극과 극의 대립적 측면이 동시에 존재함을 실감 나게 보여주는 예가 아닐까 싶다. 혹 사랑의 밝고 달콤한

측면만 경험한 사람이 있다면, 둘 중 하나일 것이다. 아직 씁쓸한 측면이 도래하지 않았거나 아니면 눈먼 사랑일 가능성이 크다. 인생도 마찬가지다. 우리의 삶은 숱한 승리와 실패, 기쁨과 슬픔, 환호와 한숨, 웃음과 눈물로 점철되지 않던가?

형식논리 뛰어 넘기

산은 산이고 물은 물이다.
산은 산이 아니고 물은 물이 아니다.
다시, 산은 산이고 물은 물이다.

성철스님의 법문으로 유명한 위의 말은 통합적 관점을 운치 있게 담고 있다. 얼핏 보면, 위의 선문답은 논리적으로 서로 모순되는 명제들로 구성되어 있다. 산은 산이어야지 산이 아닐 수는 없다. 논리학에서 말하는 모순율에 어긋나는 것이다. 그리고 '산은 산이다'와 정반대되는 '산은 산이 아니다'라는 두 명제 가운데 어느 하나는 참이고 다른 하나는 거짓이어야지 둘 다 참일 수는 없다. 이른바 '배중률의 원리'에 어긋난다 할 것이다.

그러나 이는 어디까지나 형식논리에 지나지 않는다. 기원전 4세기 아리스토텔레스가 정립한 이래 지금까지 통용되어 오고 있는 이 기계적 논리로는 저 심오한 법문의 의미를 이해할 수 없다. 위의 세 명제는 오직 통합적 시각으로 접근할 때만이 그 오묘한 진리에 다가갈 수 있다.

참선 이전의 산은 참선 이후의 산과 같지 않다. 그리고 더욱 깊은 참선을 통해 득도했을 때의 결과는 또 달라진다.

형식논리학은 철학에서 실증주의와 맞닿아 있다. 실증주의자들은 사물을 '이것 아니면 저것'으로 판단하지 '이것이면서 동시에 저것'일 수는 없다고 본다. 모리스 콘포스(Maurice Cornforth)라는 철학자는 실증주의의 이러한 인식론을 '형이상학적 양자택일(metaphysical either-or-not)'이라 일컬었다. 그러나 형식논리학이나 실증주의가 뭐라고 말하건 간에 사물은 이것이면서 동시에 저것이기도 한 법이다. 같은 구름이 어떤 때는 흰 구름이었다가 또 다른 때는 비구름이 되는 것처럼 말이다.

존 듀이, 이원론의 배격

"모든 사물은 서로 대립적인 두 측면을 지닌다"고 할 때, 이 각각의 측면을 극성(極性)이라 하고 두 극성의 조합을 범주쌍 또는 양극범주쌍(bipolarity)라 한다. 이 글에서 말하는 'Both Sides (Now)'의 인식론은 이 상호 대립적인 두 극성을 양자택일적 관점이 아닌 통합적으로 보는 시각을 말한다.

존 듀이는 철학사의 발전과정을 이원론의 극복 과정으로 보았다. 그의 명저 『민주주의와 교육』 전반을 관통하고 있는 접근틀이 통합적 관점이다. 듀이는 '통합적 시각'이란 말 대신 '이원론의 배격'이란 표현을 자주 쓰고 있다. 매 장(章)에서 그는 당대의 주된 교육 이슈들을 제기함에 있어 그간 양자택일의 문제로 봐 왔던 대립적인 두 속성을 "지금부터는 통합적으로 바라보자"고 제안한다. 즉, 그의 결론은 늘 "Both Sides Now!"인 것이다.

　이를테면 듀이는 민주주의 교육의 개념을 논하면서(7장), 서양 교육사에서 민주주의의 가치를 신봉해온 두 사상가인 루소와 플라톤의 문제점을 지적한다. 듀이가 보기에, 두 사상가는 서로 대립적인 한계가 있었는데, 개인과 사회의 조화라는 측면에서 루소의 경우는 개인의 자유를 지나치게 강조한 반면, 플라톤의 무게중심은 사회 쪽에 경도해 있었다고 보았다. 이에 듀이는 개인성과 사회성의 통합을 대안으로 제시한다.

비움과 채움

　지금부터는 『교사가 교사에게』에서 다룬 것을 중심으로 몇 가지 중요한 교육 이슈에 대한 통합적 시각의 의의를 논하고자 한다. 그 첫 순서로 글쓴이가 존 듀이로부터 영감을 얻어 통찰한 것으로서 '비움, 채움'이라는 범주쌍으로 제시한 것을 소개한다.

　『민주주의와 교육』에서 4장 '성장으로서의 교육(Education As Growth)'은 성장의 제일 가는 요건에 대한 자문자답으로 시작한다. 이에 대해 듀이는 "성장의 가장 중요한 조건은 미성숙(immaturity)"이라고 말한다. 성장하기 위해서는 성장하지 않은 채로 있어야 한다는 이 말은 자칫 무의미한 동어반복처럼 생각될 수도 있다. 그러나 존 듀이 특유의 이 허허실실의 논리는 오늘날 우리 교육이 지니고 있는 고질적 병폐의 정곡을 찌르고 있다.

존 듀이는 역량을 뜻하는 영어단어 'capacity'가 그 뜻 외에 '용량(容量)'이라는 의미도 내포하고 있음을 논하는데, 글쓴이는 여기서 노자의 '그릇' 메타포가 떠올랐다. 『도덕경』에서 노자는 그릇의 쓰임이 채움이 아닌 비움에 있음을 논한다. 그릇이 그릇으로 쓰이기 위해선 비워져야 한다는 것이다. 그런데 우리는 유치원 때부터 아이의 머릿속에 뭘 채워 넣으려고만 애쓴다. 직관적 사고력과 왕성한 호기심을 키워갈 나이에 한글이니 영어니 하는 지식을 채워 넣음으로써 결과적으로 학습에 대한 흥미와 지적 호기심을 말살시키는 우를 범한다.

방학에 해당하는 영어단어 'vacation'나 프랑스어 'vacances'는 '텅 비움'을 뜻하는 라틴어 '바카티오(vacatio)'에서 유래한다. 일하는 사람이 일을 더 잘하기 위해 일상을 텅 비우고 휴가를 다녀오듯이, 학생들은 다음 학기에 공부를 더 잘하기 위해 방학 때 머리를 텅 비울 필요가 있다. 우리가 교실에서 만나는 아이들 가운데 방학 뒤에 부쩍 성장했다는 느낌이 드는 경우가 있다. 긴긴 방학 동안 집과 학원만을 왔다 갔다 한 아이들에게선 그런 모습을 볼 수 없다. 그런 징후가 발견되는 아이는 필경 머리를 텅 비우고 긴 여행을 다녀왔다거나 뭔가 이색적인 경험을 한 아이일 가능성이 크다.

아메리카 인디언들은 급히 말을 달리다가도 가끔 멈춰 서서 뒤를 돌아본다고 한다. 그 이유인즉슨, 너무 빨리 달린 나머지 혹 자기 영혼이

미처 못 따라올까 걱정하는 마음에서라고 한다. 채우기 위해 우리는 먼저 비워야만 한다. 비움과 채움이라는 두 대립적 속성은 실상은 한 몸이건만 현대인들은 비울 줄은 모르고 채우기에 급급하다. 그 결과 아이나 어른 모두 머리와 가슴이 망가져 간다.

흥미와 도야

존 듀이는 교육의 본질을 "흥미에 의한, 흥미를 위한, 흥미의 교육"으로 보았다. 교육에서 흥미가 차지하는 중요성은 절대적이라는 것이다. 그래서 『민주주의와 교육』 10장에서 '흥미와 도야'라는 제목으로 다루는가 하면, 별도의 저서로 『흥미와 노력』을 발간하기도 했다.

어원적으로 흥미(interest)란 말은 'inter-esse'에서 유래하는데, 이는 "무엇과 무엇 사이에 있는"이란 의미이다. 듀이는 "학생의 현재 학습역량, 교육학 용어로 '출발점 행동수준'과 학습의 결과로 의도하는 목적(end, 끝 지점) 사이에 있어야 할 무엇이 흥미"라는 명쾌한 논리를 펼친다. 출발점에서 끝 지점에 이르는 과정으로서 학습자의 흥미는 필수적이며, 거꾸로 흥미가 바탕 되지 않으면 진정한 학습은 이루어지지 않는다는 것이다.

이처럼 흥미와 공부(도야, discipline)는 떼려야 뗄 수 없는 관계임에도 우리는 이 둘을 별개의 것으로 생각한다. 공부는 괴롭고 힘든 과업으로 치부하고선 거기에 대한 보상책으로 공부와는 무관한 흥미를 즐기는 시간을 허용하는 발상으로서, 이를테면 "숙제 다 했으니 컴퓨터 게임 해도 좋다"는 식이다. 그러나 이런 값싼 유인책으로써의 유희는 존 듀이가 말

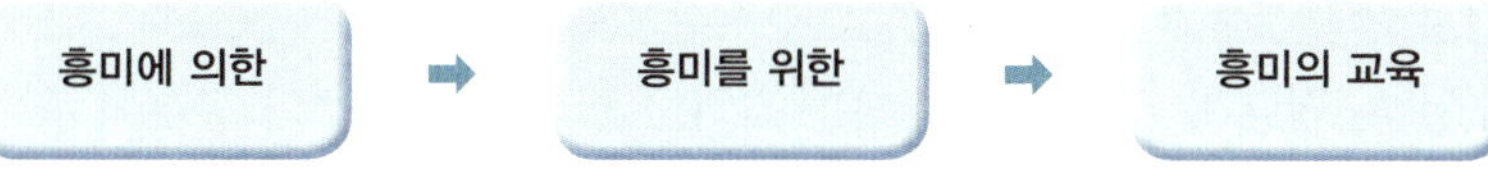

듀이의 교육론

하는 흥미와 아무 관계도 없다. 듀이에 따르면, 공부는 흥미 그 자체여야 한다. 공자도 말했듯이, 배우고(學) 익히는(習) 것은 즐겁지 않을 수 없는 것이다.

'흥미, 도야'의 범주쌍을 이루는 두 대립물의 조화는 결코 이상주의자의 관념 속에만 존재하는 것이 아니다. 학교의 일상에서도 우리는 이 같은 모습을 흔히 볼 수 있다. 미술-음악-체육의 예체능 교과 시간은 물론 과학이나 실과(가정) 실험실습 시간에도 아이들이 진지한 눈빛으로 흥미 있게 학습활동에 참여한다.

흥미와 배움이 나란히 함께 가는 이런 흐뭇한 광경의 전형은 평생교육 차원에서 노인이나 주부들을 대상으로 한 아카데미 교실에서 볼 수 있을 것이다. 인간은 생래적으로 지적 활동에 호기심과 흥미를 품는 존재이다. 학생들이 학교에서 학습 의욕을 상실해 가는 것은 배움의 속성이 본래 그러해서가 아니라 전적으로 반교육적인 시스템의 문제에 기인하는 것이다.

삶과 교육

배움은 본디 즐거운 것임에도 왜 학생들은 학교에서 공부에 대한 흥미를 잃어가는 것일까? 존 듀이는 그 이유를 삶과 교육이 유리된 탓으로 보았다. 앞에서 학생들은 예체능 교과나 실험실습 위주의 공부에 흥미를 갖고 참여한다고 했다. 이런 교과 공부의 공통점은 몸으로 배운다는 것이다. 반면, 머리 쓰는 공부에 학생들은 흥미를 느끼지 못하고 학습의욕을 상실해 간다.

몸으로 배우는 공부와 머리로 배우는 공부의 관계에 대해 듀이는 『민주주의와 교육』의 20장에서 'Intellectual And Practical Studies'라는 범주쌍으로 제시하고 있다. 이 책의 한글판 역자 이홍우 선생께선 이를 '이론적 교과와 실제적 교과'로 옮겼는데, 나라면 '머리 쓰기 공부와 몸 쓰기 공부'로 옮길 것이다.

듀이가 설명하듯, 고대 그리스의 철학자들은 몸 쓰기를 통해 얻은 지식을 하찮은 것으로 본 반면, 머리 쓰기를 통해 얻은 관조적 지식을 최고의 것으로 쳤다. 주지하다시피, 플라톤은 인간을 금-은-동의 세 등급으로 분류했는데, 머리 쓰는 철학자들에게 최고 등급을 부여하고 이들이 나라를 통치해야 한다고 했다. 이처럼 편향된 지식관은 동양의 유교 사상에서는 더욱 심각한 형태로 제시되고 있으며, 한국 사회에서는 지금도 이러한 사고방식이 당연한 것처럼 생각되고 있다. 그 결과, 공부는 힘들고 지겹기만 한 무엇이 되고 말았다.

흥미와 공부가 함께 가기 위해선, 몸 쓰기와 머리 쓰기가 분리되지 않아야 한다. 그러자면, 교육이 삶 속에 있어야 하니, 존 듀이는 이를 '삶 중심 교육과정(life-centered curriculum)'이라 일컬었다(이 말을 '생활중심교육과정'으로 옮기는 것은 거의 오역에 가깝다). 교육이 삶 속에 들어가고 삶으로부터 교육과정을 추출해 내자면, 뒤에서 다룰 이론과 실천의 통합이 필수

적이다. 이를테면, 1Km라는 개념에 대해 그저 '1Km = 1,000m'라는 식으로 외울 것이 아니라 직접 몸으로 1Km를 걸어가 봄으로써 익히는 것이다.

머리 쓰기 교과(주지 교과) 가운데 초등학생들에게 가장 어렵고 지겨운 것이 '사회'다. 나 역시도 초중고 시절 공부에서 제일 힘겨웠던 과목이 사회였다. 그런데 내가 성인이 되어 공부에 재미를 붙이기 시작했을 때 가장 흥미로운 학문이 사회학이었다. 물론 초중고의 사회 교과와 사회학은 성격상 차이가 있긴 하다. 그러나 사회학이 재밌는 학문이라면 그 하위 영역으로서 지리든 역사든 정치든 사회문화든 사회 공부 또한 학생들에게 흥미롭게 다가가야 하거늘 현실에서는 그 반대로 가는 이유가 뭘까? 나는 그것을 사회과의 교육과정이 학생들 삶과 동떨어져 있기 때문이라고 생각한다.

'머리 쓰기, 몸 쓰기', '이론, 실천', '삶, 교육'이 따로 놀면 공부가 어렵고 지겨울 수밖에 없다. 학생들에게 사회 공부가 어려운 이유로 교육과정이 삶과 동떨어져 있는 탓도 있지만, 거꾸로 학생들의 삶이 '사회적 현실'과 유리되어 있는 탓도 크다. 4학년 사회 교과서에 '지방자치'가 등장하는데, 초등학교 4학년이 아니라 중고등학생들의 삶에서도 지방자치와 관련한 구체적이고 실물적인 경험을 할 기회가 거의 없으니 공부가 어려울 수밖에 없다. 우리가 교대나 사대에서 배운 교육학 공부도 그렇다. 그때는 그렇게 어렵고 지겨웠던 교육학이 교사가 되어 다시 공부할 때는 쉽고 재밌게 다가오는 이유는 삶과 공부가 유기적으로 통합되어 있기 때문이다.

삶과 교육이 함께 가야 하는 것은 인식론적 효율성을 위해서도 그러해야 하지만, 가치론적(윤리적) 차원에서도 마땅히 그러해야 한다. 교육은 그 자체로 도덕적이어야 하기 때문이다. 이러한 당위성이 학생보다는 교사의 몫인 것은 물론이다. 교사의 교육 행위는 교사의 삶과 따로 갈 수 없다. 의롭지 않은 삶을 사는 교사가 정의를 강변한들 학생들이 뭘 배우겠는가?

교사는 또한 가르치기만 하는 것이 아니라 학습하는 존재다. 특정 시기, 특정 국면에서 자신이 학습한 것을 학생들에게 가르치는 것이다. 그런데 앞서 논한 삶과 배움의 통합적 속성상, 교사는 자신의 삶 속에서 실천적으로 체득하지 못한 지식에 대해 제대로 된 지적 역량을 갖지 못하기에 유능한 수업을 학생들에게 펼쳐주지 못한다. 이를테면, 민주주의를 살아보지 않은 교사는 학생들에게 민주주의를 가르칠 수 없다. 독재적인 학교장 밑에서 교무회의 때 부당한 지시에 아무런 저항도 불만도 품어 보지 않고서 그저 시키면 시키는 대로의 교직 삶을 사는 교사는 학생들에게 민주적인 삶에 대한 그림을 제시하지 못한다. 교사에게도 '삶, 교육'은 함께 간다. 바른 삶을 사는 교사가 바른 교육을 펼칠 수 있는 것이다.

이론과 실천

'Theory is one thing and practice is another.' 고교 시절 영어 공부할 때 익혔던 한 문장을 지금도 기억한다. 그만큼 딴에는 그것이 명문장으로 다가왔기 때문이었으리라. 그러나 지금 통합적 시각으로 비추어 볼 때

이 문장은 문제가 있다.

흔히 "이론과 실제는 별개의 문제"라 하지만, 어떤 경우에도 이론과 실제, 이론과 실천은 함께 나아간다. 이론은 언제나 실천의 이론이며, 실천은 언제나 이론의 실천인 법이다. 이 같은 이치는 과학자들이 실험실에서 진리를 찾아가는 방법을 생각하면 명백해진다. 과학자는 숱한 시행착오를 거듭한 실험을 통해 마침내 어떤 과학적 원리를 발견해 낸다. 반복되는 실천이 이론을 이끌어내는 것이다. 반대로 그는 기존의 이론적 지식을 근거로 가설을 설정하고서 실험을 시도할 수 있다. 그의 관념 세계 속에 축적된 이론적 자산을 근거로 그에 상응하는 수준의 실천을 꾀할 수 있는 것이다.

'이론, 실천'의 통합적 속성을 생각할 때 교육과 관련한 이슈나 담론은 교육실천과 유리될 수 없음은 자명하다. 그럼에도, 우리 사회에서 교육 담론 주조는 교육학 교수들에게 그리고 교육실천은 현장 교사들의 몫으로 이분화해서 경계를 세워 버린다. 그 결과 현장의 교육 현실과 동떨어진 이런저런 교육정책과 매뉴얼이 시달되어 교사들의 한숨과 원성을 자아낸다. 교육의 이론 생산 영역과 실천 영역이 동떨어져 있어서는 교육의 발전을 기대할 수 없다. 존 듀이가 실험학교에 뛰어들어 자신의 이론을 만들어 냈듯이 교육학 교수들은 현장 속으로 들어가야 하고, 현장 교사들은 더 나은 전문적 실천을 위해 이론 섭렵에 힘써야 할 것이다.

동전의 양면

조니 미첼의 'Both Sides Now'에서 구름 이야기를 다시 떠올리자. 흰 구름이 비구름이 되고 땅에 내린 비는 다시 하늘로 올라가 흰 구름이 된다. 이처럼 외형상 서로 대조적인 두 속성은 각각 별개로 존재하는 것이 아니라 한 몸이라는 점에 주목해야 한다. 이런 이치를 설명하기 위해 글쓴이는 '동전의 양면'이란 은유법을 즐겨 쓴다.

통합적 시각이란 사물을 동전의 양면으로 보는 관점을 말한다. 동전의 앞면과 뒷면을 따로 분리해서 생각할 수 없다. 그리고 앞면 뒤에는 반드시 그에 상응하는 대립적인 속성이 연결되어 있다. 또한, 이 두 속성은 흰 구름이 비구름으로 변하는 것처럼 일정한 조건이 구비되면 상호 전화(transformation)가 이루어진다.

동전의 양면을 이루는 두 속성이 하나는 밝은 측면을, 다른 하나는 어두운 측면을 지니는 것으로 생각하기 쉽다. 그러나 이 대립적인 두 속성을 가치의 문제로 접근해서는 안 된다. 이는 자석의 'N, S', 전기의 '+, -'라는 각각의 극성을 호불호의 문제로 접근하지 않는 것과도 같다. 인간 삶에서 어둠도 빛 못지않게 소중한 가치를 지닌다. 24시간 내내 밝기만 한 백야의 삶을 생각해 보라. 그리고 문학소녀에게 비구름은 재앙일지언정, 오랜 가뭄에 근심하는 농부에게 그것은 얼마나 큰 축복일까?

교사 앞에서는 똑똑하고 리더십이 강한 모범생이 교사 부재중의 교실에선 또래에게 독재자로 군림하는 모습을 자주 보게 된다. 이때 우리는 이런 아이에게 어떤 배신감과 함께 아이의 이중인격성을 떠올리며 경악하곤 한다. 그러나 '동전의 양면'을 생각하면, 인격이라는 게 본디 이중적인 법이다. 통합적 시각으로 사물을 보는 교사라면, 모범생이 지닌 빛나는 리더십의 자질 이면에 독재성이 도사리고 있음을 처음부터 봤어야한다. 그런 교사는 문제의 장면을 접하면서 '이중인격' 운운하지 않을 것이다. 오히려 그것을 기회 삼아 아이의 훌륭한 자질 이면에 필연적으로 존재하는 부정적 요소에 대한 각성을 일깨워 줌으로써 아이를 더욱 훌륭한 재목으로 단련시켜 갈 것이다.

우리가 모범생의 양면성을 이런 식으로 이해한다면, 이른바 문제아에게서도 일견 부정적으로 보이는 속성 이면에 빛나는 자질이 잠재해 있는 것으로 볼 수 있지 않을까? 이를테면, 폭력성이 강해 쌈박질을 일삼는 아이는 뒷골목으로 향할 수도 있고 복싱체육관으로 향할 수도 있을 것이다. 교사의 작은 실천에 따라 달라지는 이 차이는 종이 한 장의 차이지만, 훗날 그 결과는 엄청난 차이로 이어지는 것이다. 사실 교사의 역할 가운데 가장 중요한 소임이 이게 아닐까 싶다. 즉, 현재 눈앞에 부정적으로 비친 아이의 어떤 '−' 극성을 그에 상응하는 '+' 극성으로 전화시켜 새로운 자기 삶의 주인이 되게 하는 것이다.

다음에 나오는 사진 속의 세 인물에겐 어떤 비범한 공통점이 있다. 상식적 의미에서 그 비범함은 매우 부정적인 것이어서 당대의 이웃들로부터 이들은 '미치광이' 혹은 '비정상'이라 불렸다. 그러나 지금 우리는 이들을 천재 혹은 영웅으로 일컫는다.

흥미로운 것은 이들에게 내재된 광인의 속성과 천재적 속성이라는 극단적으로 상반되는 양극성(兩極性, bipolarity)이 동전의 양면을 이루는 점이다. 첫 번째 인물은 모두가 아는 비운의 천재 화가 빈센트 반 고흐다. 두 번째는 퓨전재즈 그룹 웨더 리포트의 베이시스트 자코 파스토리우스

이다. 자코는 무대에서 스스로 자신을 "세계 최고의 베이시스트 자코"라고 소개할 만큼 교만한 악동으로 평이 나 있는데, 그가 세계 최고의 베이시스트 중의 한 사람인 것은 틀림없는 사실이기도 하다. 빈센트와 자코는 공통적으로 젊은 나이에 어처구니없는 죽임을 당했다. 빈센트는 권총 자살로, 자코는 술 취한 상태에서 나이트클럽에서 행패를 부리다 맞아 죽었다. 두 사람은 숱한 반사회적 일탈 행위를 일삼으며 주위 사람들을 불편하게 했는데, 이들은 흔히 조울증이라 일컫기도 하는 '양극성 장애(bipolarity disorder)'를 앓고 있었다.

양극성 장애에서 '양극성(bipolarity)'이 통합적 인식론에서 말하는 양극성과 같은 의미임에 주목하자. 빈센트는 양극성 장애가 극에 달했을 때 자신의 귀를 자르고 정신병원에 입원했는데, 놀랍게도 이 시기에 그의 작품이 가장 훌륭했다고 한다. 그림 속의 너무나 아름다운 작품으로 돈 매클린의 노래로도 유명한 '별이 빛나는 밤(Starry Night)' 또한 빈센트가 요양병원에서 그린 것이다. 위대한 재즈 뮤지션 자코의 경우도 마찬가지다. 그의 동료 뮤지션들은 말한다. 미치광이 자코가 없으면 그의 훌륭한 음악도 없다고.

세 번째 인물은 수영 역사 최초로 올림픽 8관왕을 달성한 수영천재 마이클 펠프스이다. 펠프스는 학창시절 ADHD로 또래에서 왕따 취급을 받았다. 주의력(Attention)-결핍(Deficit)-과잉행동(Hyper active)-장애(Disorder)라 하는데, 아마도 통합적 시각을 가졌을 어느 선생님은 펠프스의 넘쳐 나는 에너지를 수영에 쏟도록 이끌었고 마침내 그는 오늘 우리가 아는 수영 영웅이 되었다. 학교 교육에 잘 적응하지 못하며 우리를 불편하게 만드는 아이들 가운데 혹 빈센트와 자코 그리고 마이클 펠프스가 있을지도 모른다.

우리 아이는 내성적이어서 문제다?

학교에서 학부모 상담 때 가장 많이 듣는 하소연 가운데 하나가 "우리 애는 내성적이어서 걱정"이라는 것이다. 이런 분들에게 나는 "아이가 내성적이라면 그건 걱정거리가 아니라 축복"이라고 화답한다.

통념과 달리, 내성적 성향은 말수가 적은 것과 별 관계가 없다. 코미디언 가운데도 내성적인 사람이 왜 없겠는가? 찰리 채플린이 그런 사람이 아닐까? 말이 적은 것이 문제가 아니라 어떤 장면에서 말이 없는가 하는 것이 문제가 될 뿐이다. 내가 학교에서 만나는 교사들 가운데 친목회 때 활발히 떠드는 사람 치고 직원협의회 때 말 많은 사람을 보지 못했다. 반면, 평소에 말이 잘 없다가도 사회적 갈등 사태에서 누군가 의로운 목소리를 내야 할 때 용기 있게 조곤조곤 입을 떼는 사람이 있다. 아마 이런 사람은 내성적인 사람일 것이다. 이처럼 내성적인 사람은 이 사회 발전을 위해 꼭 필요한 사람이다.

시인 릴케는 젊었을 때 군인이 되기 위해 육군사관학교에 들어갔다가 도무지 자기 정체성과 맞지 않는 군인생활에 혼란을 겪다가 중퇴했다. 내성적이란 말에서 내성에 해당하는 한자어는 '內性'이 아니라 '內省'임에 주의해야 한다. 말 그대로 '안으로 들여다보는 성향'이고 자기 삶을 성찰하는 자세가 내성적인 것이다. 군인에게 내성적인 성향은 불편할 것이다. 군인에게 요구되는 성향은 삶을 성찰하는 철학적 자세가 아니라, '돌격 앞으로!'의 명령이 떨어질 때, 묻지도 따지지도 않고 적진을 향해 총 들고 달려가는 자세일 것이다.

릴케가 만약 육군사관학교에 머물러 군대에 말뚝 박았더라면 문학사에서 얼마나 큰 손실이었겠는가를 생각해 보라. 인류의 정신문화를 풍성하게 한 위대한 인물들은 하나같이 내성적이었다. 군인정신으로 무장하여 위에서 시키면 시키는 대로 살아가면 삶은 편할지도 모른다. 그러나 그것은 유적 존재로서의 인간다운 삶의 자세는 아니다. 인간은 생각하는 갈대다. 인간다운 삶은 오직 성찰을 통해 가능하며, 그것은 내성적인 자질을 필요로 한다.

자신이 내성적이라는 사실로 열등감에 사로잡힌 아이에게 이런 확신을 주면 좋을 것이다. 통합적 시각으로 사물을 바라보는 교사는 미운 오리 새끼의 이면에 있는 백조의 자질을 통찰하여 실의에 빠진 아이에게 희망적인 메시지를 건넬 수 있다.

나오는 말

흰 구름이 비구름으로 변해 가는 노래 이야기로부터 지금까지 교육 현상 속의 몇 가지 이슈로 '비움, 채움', '흥미, 도야', '삶, 교육', '몸 쓰기, 머리 쓰기', '이론, 실천' 등의 범주쌍이 서로 불가분의 관계에 있음을 논하였다. 모든 사물은 대립적인 두 속성을 동시에 지니고 있다. 우리는 이 두 속성을 연관의 맥락에서 바라볼 때만이 사물의 진면목을 이해할 수 있다.

그럼에도 우리는 서로 대립적이라는 이유로 각각의 범주를 따로따로 생각하는 양자택일의 사고에 익숙하다. 그 결과 학생들은 배움에 흥미를 잃으며, 교육이라는 것이 삶과 동떨어져 이루어짐에 따라 지겹고 비현실적이고 심지어 위선과 허구를 답습하는 관념의 놀음으로 전락하고 만다. 배우고 익히는 것이 즐거움이 되고 학교가 희망의 교육공동체로서 그 본래 기능을 회복하기 위해서는 교육의 주체들이 이원론적 사고를 극복하고 교육과 관련한 범주쌍을 통합적 시각으로 이해하는 인식론적 전환을 꾀할 필요가 있다.

극과 극은 통한다고, 모범생에게 내재된 빛나는 자질이 어느 순간 그에 상응하는 부정적 속성으로 전화될 가능성이 상존해 있음을 잊지 말아야 한다. 이 '대립물 상호 전화'의 이치는 우리가 문제아라고 일컫는

예민한 학생들에게도 적용될 것은 당연하다. 사실 '리더십, 독재성'과 '폭력성, 과감성'에서 각각의 대립적인 범주 사이의 차이는 종이 한 장의 차이와도 같다. 조니 미첼의 노랫말에서 보듯, 우리로 하여금 동화 같은 환상에 젖게 한 흰 구름이 갑자기 비구름으로 변하듯이, 리더십이라는 속성이 한 걸음만 더 나아가면 독재성으로 바뀔 수 있는 것이다.

교사의 경우 '권위'라는 것이 그러하다. 교사는 권위적이어서는 안 되지만, 교사가 권위를 잃으면 교육의 모든 것이 무너지고 만다. 권위(authority)와 권위주의(authoritarianism)는 다르다. 교사는 권위주의자이어서는 안 된다. 하지만 교사가 교사이기 위해서는 권위를 지켜야만 한다.

그러면 리더십과 독재성, 권위와 권위주의의 차이는 정확히 무엇인가? 어디까지가 리더십 혹은 권위이고 어디부터가 독재성 혹은 권위주의인가? 이에 대한 획일적인 답은 불가능하다. 그것은 주체와 대상에 따라, 상황에 따라 구체적으로 판단할 일이다. 이를테면, 혼란과 무질서가 난무하는 교실이 있고 담임교사가 그걸 제압할 객관적 역량과 의지가 있다면 그는 권위주의가 아니라 그보다 더 한 독재성도 발휘할 수 있는 것이다.

모든 사물은 대립적인 두 속성을 함께 지니고 있기에 이것인 동시에 저것이기도 한 법이다. 또한, 긍정적 측면과 부정적 측면은 늘 왔다 갔다 상호 전화의 과정을 밟는다. 그래서 늘 우리는 사물에 대한 온전한 이해력을 갖기 위해 대립적인 두 속성을 함께 바라보는 'Both Sides (Now)'의 시각을 지녀야 한다. 그리고 지금 교사로서 내가 취하는 포지션이 바람직한 권위인지, 불필요한 권위주의인지 늘 돌아보는 성찰적 자세를 견지할 필요가 있다. 사물을 향한 우리의 사고는 '좌, 우', '진보,

보수', '강경, 온건', '이성, 감성' 등의 양극단을 늘 왔다 갔다 해야 한다. 고정된 사고는 금물이다.

> 북극을 가리키는 나침반은 무엇이 두려운지 항상 바늘 끝을 떨고 있다. 그러나 우리가 나침반을 신뢰할 수 있는 것은 그것이 한참을 떨다가 마침내 일정한 방향을 가리키기 때문이다. 처음부터 한쪽을 가리키는 나침반은 고장 난 나침반일 뿐이다. – 신영복

학교에 민주주의 살리기!
학교와 교육에서
당당한 주인 되기!

서울형혁신학교 5년,
우리는 무엇을 혁신했나?

■ 이부영(전 서울강명초등학교 교사)

2009년 경기도교육청을 시작으로 대한민국 공교육에서 '혁신학교'라는 말이 생긴 지 7년째 접어들고 있다. 2016년 현재 17개 시도교육청 중 13개 시도교육청에서 혁신학교 정책을 시행하고 있고, 전국의 혁신학교 수는 계속 늘어서 전체 학교의 10%대에 이르고 있다. 혁신학교 정책을 실시한 이후부터 계속 혁신학교의 공과를 논의 중인데, 혁신학교가 공교육을 바꾸려는 본래 목적을 위해 방향을 잃지 않으려면 이즈음에서 혁신학교 정책을 냉철하게 점검해 볼 때가 되었다고 본다.

생각해보면, 짧은 기간(5~6년) 100여 년의 대한민국 공교육을 이렇게 제대로 흔들어 놓은 적이 있었나 싶다. 그동안 대한민국 공교육의 역사를 보면, 늘 학교와 교육이 이대로는 안 된다면서 새로운 수많은 교육 정책이 생겨났다가 사라지기를 반복해 왔다. 특히 우리나라 교육정책은 '정치적 중립'[1]이라는 말이 무색할 정도로 정권이 바뀔 때마다 정권에 유리한 쪽으로 확확 바뀌어 왔는데, 새로운 정책이 대부분 반짝하다가 사라지곤 하면서 그럴수록 오히려 학교 현장은 혼란에 빠지곤 했다.

학교와 교육을 좋은 방향으로 바꾸겠다는 것은 시대적 사명으로 진보와 보수를 구분할 필요 없이 누구에게나 언제나 필요한 것으로 단지 혁신학교만의 과제가 아니다. 혁신학교를 넘어서 대한민국의 공교육의 혁신, 민주시민 사회의 혁신, 나아가 삶의 혁신으로 이어져야 한다. 초기에는 이른바 진보교육감이 있는 시도교육청에서 시작했지만, 이제는 보수교육감 지역에서도 혁신학교에서 진행하는 내용을 공유하면서 전국적으로 펼쳐나가 함께 배우면서 활발하게 진행되고 있는 것을 보면 알수 있다.

혁신학교란 무엇인가?[2]

혁신학교를 정의하는 다양한 의견이 있지만, 혁신학교의 성격을 한 마디로 표현하면 파일럿 스쿨(Pilot School)이다. 그동안 공교육의 문제점을 개선하기 위해 공교육 체계를 바꾸어야 한다는 의견이 많았다. 그런데 한꺼번에 바꿀 수가 없으니 먼저 일부 준비된 학교를 중심으로 '혁신학교'라는 이름을 붙여서 학교와 교육에 대한 새로운 상상력을 갖고 바꾸기 시작해서 점차 모든 학교를 바꿔나가자는 것이다. 이는 궁극적으

---

1   국가공무원법에 나와 있는 '공무원의 정치적 중립 의무'는 '(제65조)정당가입이나 정당 활동에 참여할 수 없고, 특정 정당을 지지할 수 없다'는 것을 말하는데, '공무원은 절대로 정부시책에 비판하면 안 되고 협조하라'는 것으로 잘못 확대 해석하고 있다. 김민웅 교수는 이를 두고 다음과 같이 말하고 있다. '정치 중립이 정권의 요구를 명령으로 포장해 먹혀들게 하기 위해 활용하는 논법이 될 때 이는 이미 교사와 공무원의 정치적 권리를 억압하는 제도가 된다. 이 나라의 헌법 그 어디에도 교사와 공무원의 정치적 권리를 제한하고 억압하는 것이 정당하다고 돼 있는 구절은 없다. 따라서 권력이 교사와 공무원의 정치적 권리를 제한하는 것은 위헌적 조처다. 헌법의 주체가 국민이고 그 국민의 일원인 교사와 공무원이 정치적 권리를 제한받게 되고 중립이라는 이름 아래 권리가 박탈되는 것을 당연시하게 된다면, 이는 민주주의의 기본을 무너뜨리는 것이다.'

2   필자도 집필 작업에 참여한 '2015년 서울형혁신학교 사례집' 내용을 바탕으로 해서, 필자의 관점을 보태서 정리했다.

로는 우리나라 공교육 패러다임을 바꿀 '공교육의 새로운 표준'을 만드는 일이라고 할 수 있다.

전국적으로 야심 차게 시작한 혁신학교 정책의 성패는 혁신학교가 갖는 특징을 놓치지 않고 계속 살려 가느냐 아니냐에 달렸다고 보면 된다. 혁신학교가 기존의 교육정책과 다른 특징을 살펴보면 다음과 같다.

첫 번째는 아래로부터의(bottom-up) 개혁이라는 것이다. 그동안의 학교 개혁운동은 국가 또는 교육부나 교육청이 일방적으로 주도하는 위로부터의 개혁이었다. 위로부터의 개혁은 개혁의 주체가 될 학교 현장의 교직원을 개혁의 대상으로 보기 때문에 정작 학교 현장의 참여를 이끌어내지 못했다. 위의 개혁 의지가 강할수록 학교 현장은 냉담해질 수밖에 없었고, 결국 정책만 요란했지 학교 현장의 실질적인 변화를 이끌어내는 데는 실패할 수밖에 없었다. 그러나 혁신학교 정책은 위로부터 시작한 것이 아니라, 교육을 바꾸려는 학교 현장의 열기를 정책으로 담아냈다. 그래서 혁신학교는 위로부터(top-down)의 개혁이 아닌 아래로부터의 개혁이라는 특징을 갖고 있다. 아래로부터의 개혁은 곧 헌법 제1조[3] 정신을 학교 현장에 실현하는 것이라고 볼 수 있다.

두 번째는 혁신학교가 아래로부터의 개혁을 지향하기에 학교의 민주

---

3 ① 대한민국은 민주공화국이다.
   ② 대한민국의 주권은 국민에게 있고, 모든 권력은 국민으로부터 나온다.

주의를 기본으로 하는 학교 구성원의 자발성과 참여로 운영된다는 것이다. 이런 이유로 혁신학교는 학교 구성원들의 민주적 의사결정 과정을 중시한다. 따라서 혁신학교는 교육의 삼주체인 학생자치, 교사자치, 학부모자치를 매우 중요하게 여기면서, 지시와 전달이 아닌 토론과 회의로 학교를 운영한다. 혁신학교에서 회의를 유난히 많이 하는 까닭은 바로 이 때문이다.

세 번째는 눈에 띄는 실적 위주의 개별 프로그램이나 교과별로 분절적으로 접근하기보다는 교육과정 중심의 통합적, 총체적으로 접근한다는 점이다. 혁신학교는 학교 구성원들의 철학적 공유와 논의를 통해 해당 학교의 상황과 아이들의 삶에 알맞은 교육내용을 교육과정 속에 녹여서 통합적으로 구성하여 운영한다. 혁신학교 정책 도입 이후 전국적으로 '교육과정 재구성' 바람이 분 것은 바로 이 때문이다. 교육과정 내용의 통합적, 총체적 접근과 더불어 교사와 학생을 교육과정과 수업의 주인으로 세우기 위한 과정으로 '교육과정 재구성'이 활발하게 이루어지게 되었다.

네 번째는 일방적인 가르침에서 배움이 일어나게 하는 교육, 즉 '학생 중심 교육과정'을 실현한다는 점이다. '학생 중심' 교육과정이라는 말은 이미 제7차 교육과정 때부터 국가수준 교육과정에 제시되었으나 실제적인 운영을 고민하고 실천하려는 노력은 혁신학교 정책 도입 이후부터가 아니었나 싶다. '학생 중심' 교육과정의 실현은 그동안 일방적인 가르침 중심의 '교사 중심' 교육과정에 대한 반성으로 아이들의 삶과 경험을 존중하고 학생들의 활동과 토론 중심으로 배움이 일어나게 하는 것으로, 이 역시 교육과정 속 민주주의의 실현이라고 볼 수 있다.

다섯 번째는 경쟁보다는 협력 중심의 교육을 지향한다. 교육활동에서 지식전달 이전에 교사와 학생과의 관계에 중요한 가치를 둔다. 교육은 관계를 통해 변화를 가져오기 때문이다. 따라서 교사와 학생의 관계뿐만 아니라 교사와 교사, 교사와 학부모, 학생과 학부모, 학생과 학생, 학부모와 학부모의 협력적 관계를 통한 교육을 지향한다. 혼자 할 때보다 함께할 때 더 많은 것을 배우고 깨닫는다. 특히 혁신학교 교사들은 학습공동체로서 협력적인 관계 속에서 교육과정과 수업을 계획하고 진행하고 평가한다.

혁신학교 수가 늘어갈수록 '이름만', '무늬만' 혁신학교일 뿐 혁신학교 같지 않은 학교도 그만큼 많아졌다. 이즈음에서 혁신학교의 특징을 바탕으로 해서 혁신학교가 추구하는 가치가 점점 흐릿해지고 잃어버리고 있지는 않은지 점검해 볼 필요가 있다.

혁신학교에서 무엇을 혁신해야 할까?

혁신학교가 방향을 잃는 까닭은 학교와 교육에서 무엇을 혁신해야 하는지 몰라서다. '혁신'은 지금까지 진행되어 온 것, 진행되고 있는 것을 구성원들과 함께 논의와 성찰을 하면서 현재에 더 알맞게 바꾸는 것이다. 그래서 학교와 교육을 혁신하기 위해서는 먼저 현재의 문제점을 제대로 파악하는 것이 가장 중요하다. 문제점을 제대로 파악하려면 학교와 교육을 보는 비판적인 시각이 필요하다.

학교는 공공성을 바탕으로 학생의 성장과 발달을 돕는 기관이다. 교

원은 헌법, 교육법, 초 · 중등교육법, 국가수준 교육과정에 따라 교육과
정을 운영한다. 학교의 모든 기구, 재정, 인력은 모두 학생을 위한 교육
과정 운영을 위해 존재하며, 그 중심에 교육과정을 실현하는 교육활동
즉, 수업이 있다. 수업의 주체는 교사와 학생이다. 학교 운영은 오직 학
생들의 배움을 돕기 위해서 하는 것이고, 교사는 교육부와 교육청의 정
책과 재정적 지원을 받아서 교육활동 즉, 수업에 집중해야 한다. 그러나
우리나라 대부분의 교사가 동의하고 공감하는 말이 학교가 수업에 집
중할 수 없는 구조로 되어 있다는 것이다. 교사들 사이에 이런 이야기가
돈 것은 꽤 오래되었고 이미 누구나 알고 있다. 학교의 행 · 재정을 포함
한 모든 구조가 교육활동(수업)을 위해 존재하는데 수업을 할 수 없다니
문제가 아닌가?

혁신학교는 교사라면 누구나 느끼고 있는 교육의 본질적인 문제점을
함께 찾아내서 바꾸어내는 학교다.[4] 따라서 교육의 본질 회복이 우선이
다. 그러기 위해서는 무엇보다 먼저 교사가 생각한 것, 특히 반대 의견
이나 다른 의견을 스스럼없이 표현할 수 있는 민주적인 학교 구조를 먼
저 갖춰야 한다. 교사들이 교실에서 아이들한테 늘 강조하는 것처럼 '자
신의 이야기와 주장을 어디서나 당당하게 말하고, 다른 사람이 말한 어
떤 의견이든 존중'하면서, 함께 해결점을 모색해나가야 한다.

지역에 따라, 학교 형편에 따라 혁신학교 모습은 다양하게 나타날 수
있다. 하지만 교육의 본질을 회복하는 학교, 교직원과 학생, 학부모의

4　혁신학교 지원금 역시 교사들의 일상적인 수업 운영을 원활하게 하는 데 써야지, 눈에 띄는
프로그램을 운영하는 데 사용하면 교사들의 업무가 더 증가되어서 수업에 집중도는 더 떨어
질 수밖에 없다.

의견을 고루 수렴해서 운영하는 민주적인 학교 문화 만들기는 기본 중의 기본이라고 볼 수 있다. 서울형혁신학교 경험에 의하면 학교가 민주적으로 운영되면 교실도 민주적으로 되고, 수업은 저절로 배움이 일어나는 학생 중심의 수업이 이루어지는 것을 알 수 있었다. 질문이 있는 교실과 토론하는 교직원 문화도 저절로 이루어진다. 반대로 학교가 민주적이지 않으면 그 어떤 교육활동도 의미가 퇴색되고 시간과 노력을 많이 들여도 효과가 작게 나타난다.

뭐니뭐니해도 현재 우리나라 학교에서 가장 먼저 혁신할 것은, 학교 혁신의 중심이 되어야 할 것은 비민주적인 학교 문화를 학교 구성원을 주인으로 세우는 민주적인 학교 문화로 바꾸는 것이다.

서울형혁신학교란?

서울형혁신학교는 1년 앞서 시행되고 있던 경기도의 혁신학교 정책에 이어서 2010년 6.2 지방선거를 통해 당선된 곽노현 교육감의 공약사항으로 추진되었다. 그러나 시작하자마자 1년여 만인 2012년에 곽노현 교육감이 임기 중간에 물러나고 뒤이어 반 곽노현, 반 혁신학교 정책을 내세운 문용린 교육감이 당선[5]되면서 서울형혁신학교 지원이 축소·폐지되어 침체기와 혼란기를 호되게 겪었다.[6] 그러다가 2014년 6.4 지방선거에서 다시 서울형혁신학교 추진을 내세운 조희연 교육감의 당선으로

---

5 2012년 12월 20일, 서울시교육감 보궐선거

이어져서 지금까지 지속되고 있다. 조희연 교육감은 '혁신학교 시즌 2' 라는 공약을 내세우며, 혁신학교의 확대 및 질적 확대와 다양화를 내용으로 하는 혁신학교 정책을 추진하고 있다. 2016년 3월 1일 현재, 서울형혁신학교 수는 초중고 포함 119개교다.

혁신학교의 개념과 기본정신은 수식어만 조금씩 다를 뿐이지 13개 시도의 본질은 같은데, 각 시도만의 지역적 환경에 따라 적용방법이 조금씩 달라질 뿐이다. 서울형혁신학교가 다른 시도와 크게 다른 지역적 특징은 학교 규모가 대체로 크고, 도시 중심형 학교라는 것이다.

서울형혁신학교의 개념은 '학생 · 교원 · 학부모 · 지역사회가 서로 소통하고 참여하며 협력하는 교육문화 공동체로서, 배움과 돌봄의 책임교육을 실현하고 전인교육을 추구하는 학교'다.

서울형혁신학교가 추구하는 기본정신은 오른쪽 표와 같다.

서울형혁신학교 운영의 기본과제는 '학교운영 혁신', '교육과정 및 수업 혁신', '공동체 문화 활성화' 세 가지로 제시하고 있고, 이는 궁극적으로 '소통하고 참여하는 학교 문화'를 이루기 위한 것으로 되어있다.[7] 그러나 위의 개념과 기본정신과 기본과제가 문서로만 남아 있으면 아무

---

6 시작 단계로서 짧은 기간 어렵게 의미 있는 성과를 보이려는 시점에서 정책적 지원이 아쉬운 때, 반 혁신학교 정책을 내세운 서울시교육청이 오히려 앞장서서 서울형혁신학교의 부정적인 면만을 확대 생산했다. 당시에 나온 혁신학교에 대한 부정적 내용은 이후 서울시교육청은 물론 전국적으로 혁신학교가 펼쳐나가는 데 혁신학교를 오해하는 원인이 되거나 혁신학교를 진행하는 데 걸림돌이 되고 있기도 하다. 혁신학교가 중단 없이 지속된 다른 교육청에 비해 혁신학교가 중단된 1년여 동안 서울형혁신학교는 혼란을 많이 겪어야 했다. 이 시기에 학교 안에서 혁신학교를 추진하기에도 힘이 드는데, 혁신학교를 부정하기 위한 교육청의 감사와 평가, 부정적 내용을 쏟아내는 언론에 대응하느라 학교 안팎으로 힘든 시련을 감내해야 했다.

7 개인적인 경험으로 볼 때 왼쪽 표처럼 '학교운영 혁신', '교육과정 및 수업 혁신', '공동체 문화 활성화' 세 가지가 '소통하고 참여하는 학교 문화'를 이루는 것이 아니라, 거꾸로 '소통하고 참여하는 학교 문화'가 먼저 될 때 세 가지가 저절로 제대로 이루어진다고 생각한다.

행복의 추구	서로의 인권을 소중히 여기고, 모두의 행복을 실현하기 위해 함께 노력한다.
책임과 공공성	단 한 명의 학생도 포기하지 않고 모두의 가능성을 여는 책임교육과 교육의 공공적 가치를 실현하고 미래사회 핵심역량을 키우기 위해 최선을 다한다.
자율과 창의	학교 자율성을 바탕으로, 학교교육여건을 반영하여 특색 있고 실제적인 학생 중심의 창의적 교육과정을 운영한다.
자발과 참여	교원·학부모·학생 등 학교공동체 구성원의 자발성과 참여를 바탕으로 학교를 민주적으로 운영한다.
소통과 협력	학교공동체 구성원, 지역사회가 서로 소통하고 협력한다.

소용이 없다. 중요한 것은 실천이다. 앞의 내용을 실제 학교교육과정 운영에, 교육청 정책에 그대로 적용해야 한다. 그리고 늘 위 내용과 다르게 가는 것은 없는지 확인하고 점검해야 한다.

서울형혁신학교 교사로 지내 온 5년

서울형혁신학교는 초등만 해도 2011년 3월 1일 10개교로 시작했다. 필자는 영광스럽게도 2011년 3월 1일 처음 시작한 서울형혁신학교 매뉴얼 연구 작업에 참여했고, 서울형혁신학교 '1호점'인 서울강명초등학교에서 동료 교직원과 서울형혁신학교를 만드는 데 5년 동안 참여했다. 어쩌면 우리가 꿈꿔왔던 행복한 학교 모습을 마음껏 상상해서 혁신학교 매뉴얼을 만들 때가 가장 행복하지 않았나 싶다.

그리고 꾸던 꿈을 학교 현장에 그대로 실현해온 지난 5년, 가시덤불

속에 없는 길을 내며 가느라 시행착오도 많았다. 칭찬도 많았지만, 기대와 의심의 눈초리를 집중해서 받으면서 오해도 많이 받았다. 그만큼 힘든 일도 많았고, 힘든 만큼 행복한 일도 많았다. 특히 5년 동안 다른 시도교육청과 달리 서울시교육청은 서로 생각이 다른 세 명의 교육감으로 바뀌면서 학교가 온탕과 냉탕을 왔다 갔다 했다. 그럴 때마다 우리가 오랜 시간 꿈꾸던 학교를 만들 좋은 기회인 서울형혁신학교를 제대로 세우기 위해 자다가도 벌떡벌떡 일어나면서 노심초사하면서 지냈다. 누가 시켜서 한 것이 아니라, 우리가 원해서 한 일이다. 늦은 밤까지 일해도 재미있었다. 학교가 이렇게 재미있고 행복한 곳인지 처음 알았다.[8] 이 모두 우리가 주인이 되었기에 가능한 일이었다.[9]

학교 운영의 원칙을 함께 세우다

지난 5년을 돌아보면 짧은 시간 참 많은 일을 했다. 그중에서 가장 애를 쓰면서 만들어가고자 했던 것이 민주적이고 공공적인 학교 문화다.

5년 동안 혁신학교를 운영해 보니, 학교와 교육의 문제가 '노력하지

---

8 혁신학교가 힘들어서 교사들이 가고 싶지 않다고 한다는데, 이럴 때 나는 이렇게 말한다. '아이들 교육을 하는 학교는 원래 힘든 곳이다. 일반 학교는 안 힘든가? 일반 학교가 괴롭게 힘들다면, 혁신학교는 행복하게 힘들다'고.

9 시켜서 하는 일은 쉬운 일도 재미없고 힘들다. 그리고 시킨 일은 시키는 사람 입맛에 맞게 '했다는 표시'만 나게 해 주기만 하면 된다. 잘못되면 시킨 사람 탓으로 돌리게 된다. 시키는 일에는 온갖 인센티브인 '당근'(근평, 승진점수, 성과금, 포상…)을 내세운다. 시켜서 하는 일에는 배움도 성장도 적다. 그러나 주인이 되어서 일을 하면 내가 결정해서 하는 일이기 때문에 힘든 일도 재미있다. '당근'이 없어도 열심히 한다. 오히려 '당근'을 모욕적으로 생각한다. 일이 잘못되면 누구를 탓하는 것이 아니라, 즉시 잘 해결하려고 노력하기 때문에 잘못되는 일이 거의 없다. 그만큼 일의 의미와 보람도 크고 일하는 동안 많이 배우면서 성장한다.

않는 교사 탓' 하기 이전에[10] 학교 교육을 둘러싸고 있는 비민주적인 시스템의 탓이 더 크다는 확신이 생겼다. 우리나라 학교에 없는 민주주의를 어떻게 하면 세울 수 있을까를 고민하고 고민한 지난 5년이었다. 학교 운영이 잘못되는 것도, 교육과정과 수업과 평가가 잘못 가고 있는 것도 학교가 민주적이지 않아서 그렇고, 그동안 학교와 교육을 바꾸려고 그렇게 애를 썼는데도 예전과 다르지 않고 꿈쩍 않는 것도 학교에 민주주의가 없어서다. 학교 안에 뿌리 깊이 자리 잡고 있는 비민주성과 반공공성 때문이다.

나는 학교가 비민주적이고 반공공적이라는 증거를 다음 다섯 가지로 들고 있다. 첫 번째는 지시와 전달만 있을 뿐 서로 다른 의견을 나눌 '교사회'가 없다는 것, 두 번째는 아이들한테만 토론하고 협력하라고 하지 정작 교사들은 토론하고 협력하지 않는다는 것, 세 번째는 학교 문화가 '우리가 남이가?' 중심의 '억지 친목회 분위기'라는 것, 네 번째는 상하 서열 중심 사회라는 것[11], 다섯 번째는 교원노동조합 가입률이 매우 낮다[12]는 것이다. 그리고 대한민국 공교육을 책임지고 있는 학교라는 사회에서 더욱더 필요한 비판과 비평 활동이 없다는 것과 수업 중심으로 운영되어야 할 학교가 업무처리 중심으로 돌아가고 있다는 것은 이미

---

10 전 세계적으로 우리나라만큼 우수한 인재가 교사가 되는 나라는 드물다. 그러나 어찌 된 일인지 우수하고, 똑똑한 인재가 교사가 되자마자, 자기 의견 하나 손들고 말하지 못하는 '바보'가 된다. 우수하고 똑똑한 인재들이 그들의 능력을 발휘하지 못하고 '바보'가 되는 이유는, 바로 비민주적인 학교 시스템에 있다.

11 교원체계가 교장–교감–부장–교사로 되어 있어서 대부분 군대처럼 상하 서열관계라고 보는데, 학교는 서열관계가 아닌 '교육'을 달성하기 위한 일을 분담해서 하는 역할 관계다. 따라서 교장은 교사의 상관이 아니고 교사는 교장의 부하가 아니다. 교장은 교장이 할 역할이 있고, 교사는 교사 역할이 있는 것이다. 제 역할을 하지 않을 때 문제가 생긴다. 무엇보다 교사는 교장을 모시고 교장 말에 고분고분 따라야 하는 사람이 아니다. 교장이 '직무유기'나 '직권남용'을 하면, 교사가 가만있으면 안 되고 당당하게 따져서 고치게 해야 한다.

학교가 공교육의 목적과 본래 역할을 상실했다고 보는데, 이 역시 학교에 민주주의와 공공성이 없기 때문에 나타나는 현상이다.

이처럼 이미 우리나라 학교가 비민주적이고 공교육 본래의 목적을 상실했다는 것은 누구나 알고 있고 인정하고 있는데도 너무 오래전부터 이어온 것이라 어디서부터 어떻게 손을 봐야 하는지 막막하고, 그 누구도 나서서 고칠 기미를 보이질 않았다. '학교는 원래 그래~'로 자기부정에 빠져 있었다. 그때 나타난 것이 바로 혁신학교다. 학교와 교육이 이대로는 안 된다고 교사들이 나선 것이다. 교사들이 나선 것을 교육청이 정책적으로 지원한 것이다.

강명초 교사들은 혁신학교를 운영하면서 다음과 같은 원칙을 세워서 학교의 모든 일에 적용하면서 지켜왔다.

- 민주적인 방법과 절차 지키기
- 지시와 전달의 방법 대신 논의를 통한 합의로 운영하기
- 전례대로가 아닌 '왜?'를 묻기
- 주인으로 살면서, 남의 것을 그대로 갖다 쓰지 않기[13]

---

12 노동조합은 헌법에 보장된 권리로, 노동자의 권익을 위해 만든 합법적 단체다. 노동자라면 자신의 권익을 위한 노동조합가입이 꼭 필요한데, 우리나라 교원노동조합 가입률이 지극히 낮은 것은 민주주의 국가로서 참으로 기이한 현상이 아닐 수 없다. 또한, 교사를 '노동자'로 보지 않으려는 모습도 민주국가에서는 매우 기이한 일이다.

13 현재 학교교육과정을 'Ctrl+C, Ctrl+V 교육과정'이라고 한다. Ctrl+C, Ctrl+V를 넘어서 아예 클릭 하나로 모든 수업과 평가를 다 할 수 있는 상업 교육 프로그램 업체가 성업 중이다. 클릭만 할 수 있으면 자격증 없어도 할 수 있는 수업, 전국에 같은 프로그램을 쓰는 학교 교실이 모두 다 똑같이 진행되는 수업, 아이들이 하루 종일 텔레비전 화면만 보면서 똑같은 장면을 보며 하는 수업, 선생님의 따뜻한 목소리가 아닌 텔레비전에서 나오는 기계음을 들려주면서 하는 수업…… 이런 수업을 교사들이 편리하게 할 수 있다는 이유로 많이 선택해서 성업 중이라는 것은 대한민국 교육이 죽었다는 방증이다. 몹시 부끄러운 일이다.

- 문서와 실제를 갖게 하기

- 겉모습을 요란하고 화려하게 포장하지 않기[14]

- '쇼'하지 않기

- 새로 만들기보다 '비민주적인 것', '비교육적인 것'부터 덜어내고 바꾸기

- 특색교육을 따로 만들지 않고, 일상의 기본 교육에 충실하기

- 상부 기관에서 시키는 대로 하는 것이 아닌, 더 좋은 교육정책으로 바꾸어내는 데 노력하기

- 혁신학교만이 아닌 일반 학교에서도 적용 가능한 학교 운영하기

학교와 교육의 혁신의 중심에 '교사회'를 세우다

위와 같은 원칙을 진행하기 위해 가장 중심이 되는 것이 바로 '교사회'
다. 혁신학교 초기에 교사들에게 수업연구와 수업을 잘하라고 하기 전
에, 수업 혁신을 위한 연수를 마련하기 전에 먼저 수업에 집중할 수 있

---

[14] 나는 우리나라 학교 교육의 모습을 온갖 양념을 뒤집어쓰고 있는 '양념치킨'에 비유하곤 한
다. 양념치킨의 본질은 '양념'이 아닌 '치킨'인데, 양념치킨을 치킨, 즉 닭고기 맛으로 먹는 사람
은 없다. 달고, 짜고, 새콤하고, 매콤한 온갖 양념과 첨가된 재료 맛으로 먹는다. 그러니 양념치
킨을 먹어도 정작 닭고기 맛은 모르는 것이다. 특히 양념치킨에 쓰이는 닭은 어떤 닭인가? 오
직 많이 빨리 키워서 팔 수 있게 대량으로 사육 가능한, 움직일 수 없는 좁디좁은 공장식 사육
장에서 건강하지 못하게 키워진 닭이 대부분이다. 그러니 이런 닭고기를 먹으면 맛이 있을 리
없고, 몸에 좋을 리는 더욱 없다. 닭고기 자체가 맛이 없으니, 닭고기의 '맛없음'을 숨기기 위
해 온갖 양념으로 덧씌우는데 이 양념이 건강에 좋을 리 없다. 그런데도 양념 맛에 길든 사람
들은 양념치킨이 맛있다면서 계속 먹는다. 사람들은 이 양념 맛에 점점 길들어서 더 강한 양
념 맛을 원하고 업체는 더 강한 맛을 위해 더 많은 양념을 첨가한다. 본질인 닭고기 맛에 관심
을 두기보다 더 강하고 더 다양한 양념 첨가를 위해 애쓰는 모습이 우리 교육과 닮은 점이 많
다고 본다. 우리 교육에서 하루빨리 양념을 거두어 내야 한다. 그래서 양념 맛이 아닌 닭고기
의 본래 맛을 찾아야 한다. 시뻘건 양념 없이 소금 하나만으로도 요리해서 먹어도 맛이 좋은
건강한 닭고기, 닭의 건강한 삶에 관심을 가져야 한다.

는 학교와 교사 문화를 바꾸기 위해 노력했다. 이것 역시 '교사회'가 있어야 가능하다.

교사회에서 토론을 통해 수업연구를 못 하게 하고 수업에 집중하는 것을 방해하는 것들을 먼저 없애고, 그다음에 수업을 알차게 운영하는 데 꼭 필요한 것들을 지원했다. 그러면 누가 뭐라지 않아도 밤늦도록[15] 동료 교사들과 머리를 맞대고 수업연구를 하게 된다. 수업이 좋아지면서 교사들은 '이제야 비로소 교사가 된 것 같다'는 생각을 하게 되고, 그동안 왠지 위축되기만 했던 교사로서의 자존감을 당당하게 회복하게 된다. 최근 수업혁신을 이야기하며 '수업이 바뀌면 학교가 바뀐다'는 말을 앞세우는 모습을 많이 보는데, 경험으로 볼 때 이 말과 반대로 '학교 문화가 민주적으로 바뀌면 수업은 저절로 제대로 바뀌게 된다'는 말이 더 알맞다고 확신하게 되었다.

학교마다 '직원회의', '직원종례'는 한다. 그러나 이것은 회의가 아니다. 지시사항과 전달사항만 있을 뿐이다. 주로 업무 담당부장만 얘기하고 교감과 교장만 이야기하고 끝이다. 반대 의견, 다른 의견을 이야기하는 법이 없고 반대 의견과 다른 의견을 이야기하는 사람은 '회의가 길어져서 퇴근시간 늦어지게 하는 인간'[16], '부정적인 인간', '벌떡 교사', '학교의 화합을 깨는 인간' 취급이다. 대한민국 헌법에도 엄연히 표현의 자유가 있고, 당연히 반대 의견과 다른 의견이 있는데, 교실에서도 아이들에게 '반대 의견과 다른 의견을 존중하라'고 가르치면서 정작 교사 사이

---

15 혁신학교의 괴담 중 하나가 '혁신학교 교사들은 퇴근이 늦다'는 것인데, 혁신학교에서 '늦은 퇴근'은 누가 강요해서 하는 게 아니라, 스스로 필요해서 하는 것이다.

16 일부 교사가 반대 의견을 내면 일반 교사들이 나서서 불만을 강하게 제기하는 것을 이용해서, 반대 의견이나 질문할 시간이 없도록 퇴근시간 임박해서 직원회의를 하는 경우도 있다.

에서는 반대 의견과 다른 의견을 악으로 본다.

교사들이 토론할 줄 모른다. 협력할 줄은 더욱 모른다. 이는 교사들이 성장하면서 '출제경향과 출제의도를 잘 파악'해서 오직 정답 하나를 잘 맞히는 '말 잘 듣는 사람'으로 자라왔기 때문이고, 교사가 되어서도 반대 의견과 다른 의견을 내세워 본 적도 토론해 본 적도 없기 때문이다. 그래서 누군가 자신의 의견에 반대 의견을 내면 자존심부터 상해하거나 자기를 미워하고 공격한다고 생각해서 사이가 멀어지기도 한다.[17] 교사가 토론을 하지 못하는데 아이들에게 토론을 제대로 가르칠 수 있을까? 현재 학교에서의 토론이 진짜 토론이 아니라 형식적으로 이루어지는 것은 교사가 토론을 그렇게 배웠고 제대로 해 본 적이 없기 때문이다. 교사들이 아이들에게 토론을 가르치려면 먼저 교사들이 교사회를 통해 토론하는 법을 먼저 제대로 배우는 것이 필요하다.

민주적인 원칙에 따라 학교를 운영하면서, 교사들은 처음으로 '교사회'를 통해 학교교육과정 운영에 주인으로 참여하면서 자기 생각을 드러내고 서로 다른 생각을 조정하고 조율하면서 토론하는 법을 배운다. 교사회에서 논의하고 결정하면서 남의 얘기를 들을 줄 알게 되었고, 자신이 주장하고 싶은 말을 할 수 있게 되었으며 나와 다른 다양한 의견을 존중할 수 있었고, 다르지만 함께 협력하는 방법을 배우게 된다.

교사회의를 한 달가량 진행했을 때 여기저기서 교사들이 말하기 시작했다. 교사회의를 열심히 해 보니 아무 노력도 하지 않았는데 저절로 수업이 바뀌었다고 말이다. 왜 그럴까? 그 어떤 수업혁신 관련 연수도 받

---

[17] 이는 사적인 관계와 공적인 토론을 구분하지 않아서다. 아주 친한 사이에서도 사안에 따라 의견이 같을 수도 있지만 얼마든지 다를 수 있다.

지 않았는데, 학교교육과정 운영방법에 대한 교사회를 열심히 했을 뿐인데 수업이 바뀌었다니 놀랍지 않은가?

그동안 우리는 수업 잘하는 기술에만 관심을 두었는데, 수업에서 가장 중요한 것은 기술이 아니라 관계, 즉 상호작용이기 때문이다. 민주적인 원칙으로 운영되는 교사회의에서 나와 다른 의견을 서로 주고받으면서 상대방의 말에 귀 기울이는 방법을 배웠기에, 저절로 아이들 말에 귀 기울일 수 있게 되었고, 따라서 아이들과의 관계가 좋아져서 수업 시간의 상호작용이 원활해진 것이다.

교사회는 말처럼 쉽지 않다. 토론은 책으로 배워서 익힌다고 되는 것이 아니라, 직접 많이 해 보면서 부딪혀서 몸으로 익혀서 몸에 배어야 한다. 어려서부터 토론문화 속에서 성장해왔으면 괜찮은데, 한 번도 토론다운 토론을 해보지 않았으니 토론하는 교사회는 처음부터 잘 될 리가 없다. 또 교사회는 시간이 걸린다. 교사회를 처음 진행하다 보니 서로 잘 모르고 또 경력, 나이, 경험, 가치관이 다 다른 사람들이 모여 있으니 토론이 물 흐르듯이 운영되지 않는다.

교사회는 서로 다른 생각을 알리고 이해하는 것이 목적이다. 그래서 결과보다 이야기를 나누는 토론 과정이 중요하다. 경험으로 봤을 때 충분히 토론을 하면 결과는 어떻게 결정이 되어도 상관이 없다. 시간이 없다고 쫓겨서 충분한 토론 없이 결정하면 꼭 문제가 생긴다. 그래서 교사회는 시간을 충분히 두고 해야 한다. 그래야 앞부분에 각자의 생각을 충분히 풀어놓는 시간을 갖고 후반부에는 합의하고 조정하고 조율하는 과정을 역시 충분히 가질 수 있다.

교사회가 힘들고 시간이 오래 걸린다고 하지 말자는 교사가 많다.[18]

몇 번 해 보고 토론이 안 되니까 교사회를 포기하는 모습도 많이 봤다. 물 흐르듯이 단시간에 끝나는 교사회는 거의 없다. 하루아침에 교사회를 잘하게 되지도 않는다. 오랜 시간 공을 들이고 들여야 조금씩 나아진다. 한두 번 해보고 안 된다고 실망해서 포기하면 절대 안 된다.

교사회에서 바꾼 민주적인 학교 문화

교사회에서 교사들이 함께 논의를 통해 학교에서 비민주적으로 진행해오던 것을 없애고 새롭게 바꾸었다. 가장 획기적인 것 두 가지를 꼽아보면, 6년째 교장이 임명하던 부장을 교사회에서 공개적으로 선출한 것과 학년 배정을 교사회에서 공개적으로 교사끼리 했다는 것이다. 학교 문화를 혁신한다고 아무리 애써도 안 되는 것을 가장 먼저 교사회를 중심에 두고 이 두 가지만 바꾸어도 학교 문화가 확 달라진다.

그동안 교장은 자기 수족처럼 움직일 수 있는 교사를 부장으로 임명해 왔다. 그 뒷면에는 승진을 위해 '1등 수'가 필요한 교사와 교장과의 거래가 있다는 것은 교사라면 이미 다 아는 사실이다. 그러다 보니 임명된 부장은 은혜를 갚기 위해 교장만 바라보면서 오직 교장에 충성하고 교장 지시에 따라 움직일 수밖에 없게 되어 있다. 교장 눈 밖에 나면 승진은 몇 년 뒤로 밀리기 때문이다.[19]

---

18 교사들이 '회의하지 말자'고 한다. 회의는 원래 힘든 것이다. 그러나 회의하지 않고 민주적일 수는 없고 주인이 될 수는 더욱 없다. 회의를 하지 않으면 '누군가의' 지시와 전달에 따라야 한다. 아무 생각 없이 시키는 대로 따르기만 하는 것은 노예의 삶이다.

그러나 부장을 교사회에서 공개적으로 선출하면 교장 직권으로 부장을 임명하던 때와 학교 분위기가 확 달라진다. 승진점수 때문에 부장을 하는 게 아니라, 학교가 원활하게 돌아가게 하기 위한 역할로서 부장을 맡기 때문이다. 이렇게 선출된 부장은 교장만 바라보는 것이 아니라, 오히려 교사 쪽을 더 많이 보게 된다. 그리고 교장과 교사들의 의견 차이를 조율하고 조정하는 본래 역할로 돌아오게 된다. 교사회에서 공개적으로 부장을 선출하는 것은 현행법으로도 어느 학교에서나 할 수 있다. 그러나 안 하고 있는 것이다. 힘 안 들이고 돈 안 들이고 교장들은 수족처럼 부릴 수 있는 '노예'가 저절로 생기니[20] 교장이 나서서 바꿀 일은 절대 없고, 교사들도 불만만 있을 뿐 요구하지 않아서다.

우리나라 학교의 문제는 곧 승진제도의 문제라는 것은 누구나 다 아는 사실이다. 그렇기에 학교와 교육을 혁신하는 가장 빠른 방법은 현행 승진제도를 바꾸는 일이다. 교장을 보직제로 하고 학교 구성원들이 직접 선출하면 적어도 학교가 지금과 같은 모습은 아닐 것이다. 교장을 선출하는 하는 것은 현행법을 고치지 않는 한 불가능하다. 그래서 현행법으로 가능한 부장만이라도 교사회에서 선출해도 학교가 많이 달라진다.

그리고 교장 전권이었던 교사 학년 배정도 6년째 교사회에서 교사들

---

19 이런 모습을 '개목걸이'를 찼다고 말한다. 이러지 않고는 승진할 수 없는, 현재 우리나라 승진 제도가 안고 있는 심각한 문제로, 나는 현행 승진제도가 바뀌지 않고는 우리나라 교육은 바뀌지 않는다고 확신한다.

20 교장한테 잘 보이고 잘 모시면서 점수 따려는 부장들의 백태를 보면 정말로 가관이다. 교장이 강의할 때 원고와 PPT 작성은 기본이고, 차 운전하면서 가방 들고(이를 '가방모찌'라고 한다) 강의 장소에 따라다니고 (포인터가 잘 나와 있는데) PPT 넘겨주는 일도 하고, 여교장 핸드백까지 들고 다니는 남자부장도 있고, 낚시가 취미인 교장이 새로 오면 취미를 낚시로 바꾸고, 골프를 좋아하는 교장이 오면 골프를 쳐야 하고, 등산이 취미인 교장을 만나면 휴일에도 등산을 같이하는 일은 너무 흔하다. 경비는 당연히 부장이 내고, 노예도 그런 노예가 없다.

이 인사원칙을 정해서 공개적으로 정했다. 토론을 통해 공정한 원칙을 만들고, 그 원칙에 따라 공개적으로 교사들이 학년 배정을 하고, 나타난 결과 또한 함께 책임지면서 부족한 점을 함께 보완해나가는 과정을 통해 교사들이 토론하는 법, 공공성에 바탕이 된 원칙 세우는 법, 나와 다른 사람들의 의견을 듣고 조율하는 방법, 서로 입장이 다른 사람들끼리 협력하는 방법을 배우게 된다. 그럼으로써 집단지성으로 자율성과 책임감이 높아지면서 저절로 교사로서의 자존감과 자긍심이 높아진다.

학교마다 교사회만 바로 서 있으면 학교와 교육이 절대로 잘못 갈 수가 없다. 교사회에서 토론을 통해 무엇이든 아닌 것은 없애고, 필요한 것은 새로 만들 수 있다. 교사회에서는 어떤 이야기도 할 수 있다. 연령, 경력, 경험, 삶의 가치관이 서로 다른 교사들과 머리를 맞대고 토론하고 논의하면, 어떤 것이 아이들을 위한 진짜 의미 있고 가치 있는 교육인지, 교육이란 이름으로 겉모습만 화려하게 꾸민 보여주기 위한 가짜 교육인지를 알게 된다.

서울형혁신학교의 과제와 제언

서울형혁신학교 시작부터 연구와 운영에 참여하면서 6년째 지켜보고 있는 사람으로서, 현재 서울형혁신학교가 안고 있는 가장 큰 문제는 서울형혁신학교 수가 늘어나면서 혁신학교가 본래 추구하는 가치와 기본 철학이 많이 희석 또는 변질, 훼손되고 있다는 것이다.[21] 다른 지역도 마찬가지 상황으로 서울시교육청은 조희연 교육감이 공약한 수를 채우느라 혁신학교 숫자 늘리기에 급급한 모습을 보이고 있다는 비판을 받고 있기도 하다. 그러나 공약대로 혁신학교 이름이 붙은 학교 수가 많아지는 것이 좋기만 한 것인지 이 시점에서 깊이 고민해 봐야 한다. 물론 지역 여건에 따른 구성원들의 논의에 따라 다양한 혁신학교는 필요하다. 하지만 혁신학교가 추구하는 본래 가치와 철학 속에서 '다양화'가 필요한 것이지 '혁신학교' 이름만 붙는다 해서 학교와 교육이 혁신되는 것은 절대 아니다. 조희연 서울시교육감을 비롯해서 혁신학교 정책을 펼치고 있는 13개 시도교육감한테 혁신학교 중 제대로 운영되고 있는 혁신학교가 몇 개나 되느냐고 묻고 싶다. 학교와 교육을 바꿀 의지와 가능성도 없는 학교를 '혁신학교'로 지정하고, 지원금을 주는 것은 '혁신학교'를 훼손하고, 아까운 세금만 낭비하는 일이다. 지금 그런 모습을 찾아보는 것은 어렵지 않다. 공약을 지키지 못하더라도 이제부터는 '혁신학교' 수 늘리는 정책이 아닌 혁신학교를 없애는 정책으로 가야 한다고 생각한다. 그래서 '혁신학교만의 혁신학교', '혁신학교, 그들만의 리그'가 아닌 전체 일반 학교의 혁신에 앞장서야 한다.

혁신학교가 생기고 나서 한편으로는 학교와 교육 혁신은 오직 혁신학교에서만 하는 일이라고 생각하는 분위기도 같이 생겨났다. 우리나라에 혁신학교 정책이 도입된 지 7년째가 되지만, 일반 학교의 모습은 변하지 않고 옛날 그대로다.[22] 혁신학교도 구성원이 바뀌면 그동안 고생해서 바꾸어놓은 학교 문화가 일순간에 다시 원래 모습으로 돌아가고 만다. 이

---

21 혁신학교를 '진짜 혁신학교', '가짜 혁신학교', '흉내 내는 혁신학교', '무늬만 혁신학교'로 나누기도 한다.

22 물론 혁신학교 이름을 달고도 전혀 혁신되지 않은 일반 학교보다 더 못한 혁신학교도 많다.

것은 학교와 교육 혁신을 학교 단위로 보고 있기 때문이다. 그동안에는 열성적이고 열의 있고 헌신하고 봉사하는 교사들의 자발성으로 혁신학교를 만들어왔다. 그런데 잘 운영되던 혁신학교도 헌신적이고 열성적인 교사들이 떠나면 다시 예전으로 돌아가고 만다. 이제는 교사의 헌신과 자발성에 의존해서 학교와 교육을 혁신하면 안 된다. 지난 5~6년 동안 혁신학교에서 이루어낸 의미 있는 교육적 성과를 교육청이 정책적으로 떠안아서 펼쳐야 할 때다. 그렇지 않으면 열성적이고 헌신적인 교사들은 심신의 과로에 온갖 병에 걸려 시달리거나 지쳐 나가떨어지고,[23] 수고한 보람도 없이 학교는 다시 원래 '아닌' 모습으로 돌아가고 만다.

학교와 교육, 사회를 바꾸기 위해 우리가 할 일은?

교사들을 만나면 밤새고 이야기해도 모자랄 정도로 학교에 문제가 많다고 하고 잘 알고 있다. 그런데 마지막에는 그 문제가 교장 때문이고, 부장 때문이라고 한다. 맞는 얘기다. 학교에 있는 문제 대부분은 교장 때문인 것이 많다. 괜찮은 교장을 만나느냐 아니냐에 따라 학교 분위기가 달라지고 교사들의 행불행이 왔다 갔다 한다. 그런데 교장들한테 물어보면 반대로 학교의 문제는 교사 때문이라고 한다. 그것도 맞는 얘기다. 교사는 아이들을 직접 만나기 때문에 중요하다. 교육의 문제는 곧

---

23 실제로 혁신부장 몇 년 하면서 병들고 쓰러진 교사가 한둘이 아니다. 드러나지 않는 정신적인 문제는 더 많다. 그 만큼 학교 중심의 학교와 교육혁신은 몇몇 교사에게 과부하가 걸리고 진행하는 데 힘이 많이 든다. 만들긴 힘들지만, 다시 원래 모습으로 돌아가는 것은 눈깜짝할 사이다.

교사의 문제이기도 하다.

교사들은 교장이 문제라고 하고, 교장은 교사들이 문제라고 네 탓만 하면 학교와 교육은 바뀔까? 그렇지 않다. 문제라고 생각한 사람부터 스스로 바뀌도록 노력하고 상대방이 바뀔 수 있게 해야 한다. 뒤에서 흉만 본다고 해서 문제 있는 교장과 부장이 바뀌지 않는다. 경험에 의하면 교장이 나쁜 것은 교사들이 그렇게 하도록 내버려두었기 때문이기도 하다. 가만두고 봤기 때문이다. 방조는 공범이다. 학교에 교사 한 명만 제대로 서 있어도 교장이 그렇게 막 하지 못한다. 교사는 교장과 부장이 제 역할을 제대로 할 수 있도록 견제해야 한다. 지켜보고 아닌 것은 따져야 한다. 그 장치가 바로 '교사회'다.

그런데 대부분의 학교에 교사회가 없으니, 아닌 것을 따지는 견제 장치가 없고 견제하는 역할이 없다. 그러다 보니 지금까지 교장이 갖고 있는 권력을 과도하게 사용해서 교장에게 불리한 견제역할을 없애고 비민주적이고 반공공적인 학교 문화를 탄탄하게 유지시키고 있는 것이다. 문제 있는 것, 아니라고 생각하는 것은 무엇이든지 그때마다 따져 물어야 교장이 고민하게 되고 이후에 같은 잘못을 저지르지 않게 된다.

교육청의 견제 세력은 학교가 되어야 한다. 그런데 현실은 어떤가? 교육청에서 실수로 이상한 공문을 보내도, 공문 처리하느라 정작 수업을 자습시켜야 해도, '찍' 소리 없이 고분고분 보고 잘하고 있지 않은가? '공문에 살고 공문에 죽고', '공문에 따라 교육하는' 학교가 존재하는 한 교육청은 절대 변하지 않는다. 학교가 교육청 말을 잘 들으면 들을수록 교육청은 더욱 학교를 얕봐서, 또는 잘못하는 줄도 모르고 공문을 함부로 보낸다. 교육청 말을 고분고분 듣지 않고 아닌 것이 있으면 따져 묻는 학교가 많아야 교육청이 변한다.[24] 모든 학교와 교육의 문제가 비민주적이고 반공공적인 학교 문화에서 비롯되는 만큼, 혁신학교와 일반 학교 가릴 것 없이 학교의 민주적 운영이 교육청의 정책적 중심이 되어야 한다.

그런데 알고 보면 학교가 비민주적인 것은 '윗물'인 교육청과 교육부가 비민주적이고 관료적이기 때문이다. 학교 보고 혁신하라 혁신하라 하지만, 사실 먼저 혁신할 곳은 교육청이고 교육부다. 수업이 제대로 바뀌려면 학교 문화가 민주적으로 바뀌면 되고, 학교가 바뀌려면 교육청이 민주적으로 바뀌면 되고, 교육청이 바뀌려면 교육부가 민주적으로 바뀌어야 하고, 교육부가 바뀌려면 정부가 민주적이면 된다. 그런데 '윗물'은 여전히 비민주적이고 비교육적이고 관료적이고 반혁신적인 구정물인 채로 '아랫물'인 학교와 교사만 맑으라 하고 혁신하라고 한다. 윗물이 맑으면 아랫물은 저절로 맑다는 것은 세상의 이치다. 맑으라 하지 않아도 윗물이 맑으면 아랫물은 저절로 맑을 수밖에 없다.

그러나 윗물이 구정물이어서 어쩔 수 없다고 아랫물이 투덜거리고만 있으면 아랫물 역시 늘 같은 구정물 속에서 지내게 될 뿐이다. 그리고 똑같은 구정물을 또 그 아래로 흘려보내게 된다. 위에서 맑은 물이 내려오면 좋지만 기다린다고 저절로 맑아지지 않는다. 학교가 교육청에서 내려보낸 공문을 그대로 고분고분 처리해서 보고하면 교육청은 변하지 않는다. 아닌 것은 학교가 따져야 한다.

학교는 위에서 맑은 물이 내려올 때까지 기다리기 전에, 위에서 내려

---

[24] 학교에 공문이 많은 것은 현재 우리나라 학교 교육이 '상명하달식', '관료주의 중심'이기 때문이다.

오는 구정물을 어떻게 하면 맑게 해서 더 아래로는 내려보내지 않을까를 먼저 고심해야 한다. 그러면서 구정물인 윗물에 따져 물어야 한다. 맑게 하는 법도 알려주어야 한다. 구정물이 진할수록 자신이 구정물인 줄 모른다. 구정물은 이미 구정물에 익숙해져 있어서 스스로 맑은 물로 만들지 않으려 한다. 만들 필요도 못 느낀다. 자신들이 구정물인 것을 알아먹을 때까지 세게 끝까지 따져야 한다. 혼자 하면 한 사람의 생각이라고 지나칠 수 있으니, 되도록 여러 사람이 다양한 방법으로 자꾸자꾸 따져서 고치게 해야 한다. 그렇지 않으면 구정물인 줄 알고 있는 사람들마저 지쳐서 '원래 구정물인 게 정상인가보다' 또는 '우리만 애쓰면 뭐해? 사회는 다 저런데'하는 패배주의로 흘러 나자빠지게 된다.

최근 너나없이 아이들에게 미래를 위한 '핵심역량'을 키워야 한다고 '핵심역량', '핵심역량' 하는데, 대부분 외국의 연구 사례를 앞세우고 있다. 나는 외국과 다르게 우리나라 공교육에서 가장 앞세울 '핵심역량'은 바로, 다른 시각으로 따져보는 '비판능력', 자신의 생각을 거리낌 없이 말할 수 있는 '표현능력', 아닌 것에 저항하는 '저항능력', 아닌 것을 따져 물어서 바꾸게 하는 '투쟁능력'이 아닌가 싶다. 교육부가 잘못하는 것은 교육청이 따져 묻고, 교육청이 잘못하는 것은 학교가 따져 묻고, 교장이 잘못하는 것은 교사들이 따져 묻고, 교사가 잘못하는 것은 학부모와 아이들이 따져 묻고, 부모가 잘못하는 것은 아이들이 따져 물어야 한다. 아닌 것을 아니라고 말하는 사람, 따지는 사람이 바로 교육과 삶의 '주인'이다. 아닌 것을 아니라고 말 못하고, 따지지 못하는 사람은 '노예'와 다를 바 아니다.

아니라고 말하는 사람, 따지는 사람이 많아야 아닌 것이 점점 바뀌면

서 학교와 교육이 제대로 설 수 있고, 민주적인 사회, 공정한 사회, 인권
이 존중되는 사회로 한 걸음 다가설 수 있다. 아닌 것이 있을 때 거리낌
없이 따져 물을 수 있어야 민주적인 교실이고 학교고 사회다. 이때 따져
물어야 할 사람은 '그 누군가'가 아닌 바로 '나부터'여야 한다. '함께'면
더욱 좋다.

 학교 구성원이 학교와 교육의 주인이 되어서, 주인 역할을 제대로 하
면 우리나라 학교와 사회에서 부족한 민주주의와 공공성을 좀 더 빨리
찾을 수 있을 것이다. 민주주의와 공공성으로 다 같이 행복하게 살아가
는 민주시민사회를 만드는 것이, 혁신학교가 그리고 우리나라 공교육이
궁극적으로 가야 할 길이다.

학교,
누구를 위해
있는 거지?

■ 윤일호(전북 진안장승초등학교 교사)

우리가 꿈꾸던 학교

'우리는 어떤 학교를 꿈꾸고 있을까?'

'학교는 도대체 누구를 위해 존재하는 거지?'

'나는 교사로 제대로 살고 있는가?'

이런 물음은 선생 노릇 하다 보면 한 번쯤 고민해보는 문제이다. 늘 학교에 가고, 아이들을 만나면서도 어떤 때는 타성에 젖어 무감각해진 자신을 발견하고는 깜짝 놀란다. 끊임없이 나를 돌아보고 살펴도 모자랄 판에 그러지 못하고 사는 날이 더 많으니 내 모습에 실망할 때도 있다.

최근 들어 많은 분이 학교와 교사의 삶에 대해 문제의식을 가지기 시작했고, 그런 문제의식이 조금씩 파장을 만들면서 그런 파장이 모여 더 많은 사람을 움직이게 하고 있다. 또 그런 움직임은 긍정의 힘으로 확대되어 더 많은 에너지와 운동으로 커지고 있다. 이런 문제의식과 노력으로 작은학교 운동이 시작했을 터이고, 혁신학교 운동과 학교혁신 운동도 시작했을 것이다.

교사들이 그리고 꿈꾸는 학교는 어떤 모습일까? 구성원이 자발적으로 역할을 담당하는 학교? 늘 가고 싶고 행복감을 주는 학교? 관리자와 교사들이 서로 소통하면서 교사들 뜻으로 의사결정을 할 수 있는 학교? 늘 깨침이 있는 학교? 업무가 적고 수업에 전념할 수 있는 학교? 학교 철학과 비전을 세우고 모두가 성장을 위해 노력하는 학교? 아이들과 즐겁게 지낼 수 있는 학교? 출근이 설레는 학교? 우와, 생각만 해도 기분이 좋아진다. 그런데 왜 우리는 그런 학교를 만들기 어려운 걸까? 모든 구성원이 만들고 싶은 학교에 공감하고 함께하려는 마음을 낸다면 충분히 가능할 터인데 그것이 참 어렵다. 근무 분위기가 좋아도 정작 내가 꿈꾸던 학교와는 조금 다를 수 있다. 단순히 분위기가 좋은 것, '좋은 것이 좋은 것이지' 하는 분위기의 학교를 좋은 학교라고 하지는 않는다.

그럼 아이들은 어떤 학교를 그리고 있을까? 아마도 공부 안 하고 날마다 노는 학교를 일 번으로 생각하겠지? 공부 안 하고 날마다 놀면 얼마나 신날까? 그다음은 체험학습이 많은 학교? 선생님이 친절하고 좋은 학교? 체육을 많이 하는 학교? 어린이를 존중하는 학교? 선생이 꿈꾸는 학교와 아이들이 꿈꾸는 학교의 모습이 조금 다르기는 하다. 아이들과 교사들이 꿈꾸는 학교의 교집합은 없을까? 참 어려운 물음이다.

부모들은 어떨까? 현실과 이상의 차이가 가장 큰 분들이기도 하다. 무엇보다 교육과 학교를 바라보는 관점이 워낙 다양하고, 바라보는 시각의 차이가 크다. 공부를 잘 가르치는 학교를 꿈꾸는 분이 있는가 하면, 공부를 많이 안 시키고 잘 놀게 하는 학교를 우선으로 생각하는 분도 있을 터이다. 아이들이 즐겁게 생활하는 학교를 꿈꾸는 분이 있는가 하면, 방과후학교나 다양한 프로그램을 중심으로 보는 분도 있을 터이다.

우리가 꿈꾸는 학교를 생각하다 보면 교육에 대한 물음이 많아질 수밖에 없다. 무엇보다 현실과 이상의 괴리가 크다 보니 더욱 그렇다. 아이들과 교사들의 교집합을 넘어 학부모까지 아우르는 세 교집합은 더욱 이루기 어렵겠지? 그래도 학교라는 공간이 학부모, 교사, 아이들 모두에게 행복을 주는 곳이면 얼마나 좋을까? 하고 생각해본다. 행복을 주는 곳? 선생도, 아이들도, 학부모도 행복한 곳. 그럼 어떤 곳이어야 하지? 선생과 아이들, 학부모들이 친밀한 관계를 맺고, 일에 쫓기지 않고 교사와 아이들이 수업 시간에 빠져서 지낼 수 있으며, 자연환경이 좋아서 아이들이 맘껏 뛰어놀 수 있고, 선생끼리도 참 관계가 좋아서 늘 만나도 좋은 사람들이면 정말 좋겠지? 학교의 문턱이 낮아서 학부모들이 자유롭게 드나들고, 아이들이 학교에서 생활하는 모습을 자연스럽게 볼 수 있으며 수업에도 적극 참여할 수 있는 마을 속의 학교는 어떨까?

이런 생각이 꼬리에 꼬리를 물고 이어져 '그럼 나는 장승학교에 왜 왔지?' 하는 물음에 이르렀다. 여러 번 학교를 옮기고 학교를 옮길 때마다 나름의 계획이나 포부가 있긴 했다. 하지만 늘 아쉬움은 컸다. 어떤 학교에서는 한 사람이 마치 독재자처럼 교사들과 아이들을 통제하기도 했다. 또 친목회 시간에 늦었다고 '늦지 않겠다'는 각서도 여러 번 써보기도 했다. 친목간사가 각서를 들고 여러 선생님을 찾아다니던 모습은 지금 생각해도 얼굴이 화끈거린다. 장승학교에서 교사의 자존감을 회복하고, 무엇보다 행복해지고 싶었다. 모두가 행복한 학교에서 선생으로서 정체성을 찾고 싶었다. 학부모, 아이들, 동료들과 협의하며 함께 꿈을 그리고 만들어가고도 싶었다. 그렇게 장승학교를 꿈꾸고 가꾸면서 벌써 다섯 해가 흘렀다. 그럼 나는 지금 어떻지? 내가 꾸었던 꿈이 현실이 되었나?

학교의 현실

학교를 생각하면 예전보다 그리 유쾌하지만은 않다고들 한다. 어떤 교사는 웃고 지나가는 말로 "아이들만 없으면 학교 근무할 맛 나지"라고 한다. 왜 학교는 우리 아이들에게 그리고 학부모와 교사들에게 그리 반가운 곳이 되지 못했을까? 21세기를 살고 있는데도 우리에게 아직도 학교는 전근대의 방식으로 답답하게만 다가올까? 한숨이 나고 답답하다. 그래도 문제가 무엇인지 생각해보고, 지금 여기 우리부터 고쳐나가야 하지 않을까?

무엇보다 학교의 문턱에 대해 생각해본다. 교사의 처지가 아니라 아이를 둔 학부모의 처지가 되어보자. 우리는 그나마 교사이니 학교의 문턱이 낮다고 생각할지 모르겠다. 하지만 학부모들은 어떻게 느낄까? 결론부터 말하자면 엄~~~청 높다. 웬만해서는 학교에 발을 디디는 것이 참 어렵다. 아이가 잘못을 하거나 교육과정설명회나 상담 기간이 아니고서는 학교에 발을 디디는 일이 거의 없다시피 하다. 조금만 자주 가도 바로 치맛바람이 되어버린다. 아빠들은 어떤가? 학교는 엄마들이나 가는 곳이지 아빠들은 가는 곳이 아니라는 인식이 팽배하다. 그리고 사실 학부모들이 학교를 찾는 것을 교사들은 반가워하지 않는다. 큰 학교에서는 여러 이야기가 나올까 봐 아예 학부모들이 모이는 것을 금지했다는 이야기도 들린다. 학부모들이 모여서 학교 흉을 볼 테니 아예 싹을 자르는 것인가?

학부모들에게 학교의 문턱을 정말 낮출 수는 없는 것인가? 왜 낮출 수 없는 거지? 자유롭게 학부모들이 드나드는 것이 그렇게 불편한가? 고

정관념을 벗어나야 한다. 학교의 문턱을 낮춰야 한다. 그래야 학교가 산다. 나만 떠나면 그만인가? 우리 아이들이 학교에 있다. 그런 책임감이 있어야 한다. 그래야 교사들이 존중받을 수 있다. 교실도 열어야 한다. 문을 열라는 것이 아니라 수업도 학부모들에게 수시로 개방하는 노력을 해야 한다는 말이다. 왜 교실을, 학교를 꼭꼭 감추고 살아야 하나?

문턱을 낮추자는 것은 학부모들이 학교에 올 수 있는 기회를 줘야 한다는 말이다. 뜬금없이 올 수는 없으니 참여하고 싶은 학부모들이 자유롭게 학교에 올 수 있도록 교육과정이나 수업에 참여할 수 있도록 기회를 줘야 한다. 얼마든지 가능한 이야기다. 많은 학교에서 요즘은 보편화된 책 읽어주기가 대표적이다. 많은 학부모가 참여하고 있으며 긍정의 효과도 크다. 과감히 수업에도 참여시켜야 한다. 장승학교에서는 실과 수업에 학부모들이 참여한다. 제과제빵이나 바느질은 교사들보다 더 재능이 있는 학부모가 오히려 많다. 그런 분들이 자신의 재능도 살리고 아이들과 교감하면서 학교와 자연스럽게 소통할 수 있다.

성장의 기회도 학교가 마련해주어야 한다. 달마다 한 번이 부담스럽다면 두 달에 한 번꼴이라도 함께 듣고 공감하는 강의를 마련하거나 학부모와 교사가 진지하게 나누고 토론할 수 있는 영상이나 책을 보고 함께 이야기하는 시간을 가져야 한다. 그렇게 서로 성장하고 교감할 수 있다. 잘 몰라서 못 하는 학부모들도 있다. 그런 분들은 학교에서 일부러라도 교육을 해야 한다. 예를 들면 평가나 교육과정, 교육을 바라보는 관점 같은 경우는 꼭 필요하다. 이런 노력이 학교의 문턱을 낮춘다.

학교의 중심에 대해서도 꼭 이야기하고 싶다. 학교마다 조금 차이는 있겠지만, 학교에서 가장 좋은 자리에는 대부분 교무실이나 교장실, 행정실이 자리 잡고 있다. 이것 또한 관료주의의 상징이 아닐까? 입으로는 늘 학교의 주인은 아이들이라고 하면서 아이들의 교실은 늘 외진 곳에 있다. 학교의 문턱은 높고, 학교의 중심에 아이들은 없다. 정말 아이들 중심으로 생각한다면 좋은 자리를 과감히 도서관이나 교실로 내주고 교직원들이 외진 곳으로 가야 하지 않을까? 안타깝지만, 그런 생각이 반영되는 학교는 한국 사회에서 참 드물다.

보통 학교 건축 문화를 볼까? 사실 건축 문화라고 할 것도 없다. 예전에 비해 조금씩 변화가 있고 많이 나아졌다고는 하나 네모반듯하게 틀에 박힌 교실은 예나 지금이나 거의 변함 없이 권위적인 모습을 하고 있다. 교문이나 중앙현관 등은 관료 문화나 권위적인 학교의 모습을 단적으로 보여주는 듯하다. 그래서 희한하게 아이들이 학교에만 오면 별로 즐겁지도 않고, 이상하게 춥고 주눅이 드는 것이 아닐까?

아이들이 쓰는 교실과 학교 건축은 어떨까? 사실 그동안 아이들과 학부모와 교사의 뜻은 전혀 반영하지 않은 채 일방통행의 건축이었다고 해도 지나친 말이 아닐 것이다. 다른 것은 그렇다 쳐도 아이들과 온종일 지내야 하는 교실만큼은 교사와 아이들의 의견이 반영되어야 함에도 대부분 그렇게 하지 않았다. 무엇보다 학교 구성원들의 의견을 받아서 설계에 반영한다는 생각 자체를 해보지 않은 것이 더 문제다. 이런 까닭은 학교 시설은 교육지원청의 시설계가 알아서 해주는 것이지 학교가 왈가왈부할 것은 아니라고 생각하는 문화가 강했기 때문이다. 그래서 교사와 아이들이 종일 지내는 교실은 시멘트로 꽉 막힌 공간 그 이상도 그 이하도 아니었다. 왜 교실은 집같이 편안하면 안 되는 것일까? 학교의 구성원들은 왜 학교 건축의 설계에 참여하지 못하는 것일까? 설명회라고 해봤자 단순히 형식에 그치는 경우가 대부분이다. 스웨덴에 갔을 때 방문한 미머학교가 떠오른다. 집 같은 교실 공간과 편안한 조명은 아이들이 그냥 학교에 녹아들 수밖에 없게 만들었다. 북유럽의 사례가 특별한 경우라고 하면 딱히 할 말은 없지만, 우리는 왜 그렇게 늘 부러워만 하고 그렇게 할 역량이 되지 않는지 한 번쯤 생각해보아야 하지 않을까? 하기야 바쁜 선생님들이 어떻게 학교 건축까지 신경을 쓰느냐고 한다면 더 이상 진보는 없다.

아이들의 성장은 교사의 삶과 겹쳐져 있다

"선생님에게 아이들의 성장은 자신의 삶과 겹쳐져 있다."

장승학교를 시작하면서 지금까지 계속 곱씹는 말 가운데 하나다. 지금까지 선생 노릇하면서 아이들과 지내온 시간이 머릿속에 또렷하다. 하지만 계속 곱씹는 그 말에 스스로 부끄러워지고 만다. 내 인생과 아이들 성장의 상관관계 그리고 부끄러움.

처음 선생 노릇을 하고자 했을 때, 기대가 컸던 만큼 실망도 컸다. 그만두고 싶을 만큼 마음도 혼란스러웠다.

전에 어떤 학교에서 근무할 때 학부모의 뜻이 반영되는 학교를 만들기 위해 학부모들과 자주 만나며 학교에 건의사항을 이야기하게 했다. 그랬더니 금세 학교에 "윤일호가 학부모들 선동해서 학교 골탕 먹이려고 한대"라고 소문이 돌았다. 그 전까지 학교가 어떻게 학부모들을 생각했는지 학교의 행태는 생각하지 않고 아무 말도 하지 않던 학부모들이 학교에 말을 하니 누군가 학교 이야기를 해주어 그렇게 되었고, 그 중심에 내가 있었다는 것이다. 또 그 목적은 순수하지 못해 학교를 힘들게 하려고 했다는 것이다. 사실 학교의 구조에서 미리 모든 걸 정해 놓고 학부모들은 학교의 교육활동에 거수기 노릇이나 하는 그런 학교를 바라지는 않았다. 학부모들은 불만이 있거나 하고 싶은 이야기가 있어도 학교의 벽은 늘 높아서 선뜻 뜻을 전달하기란 여간 어려운 일이 아니었다. 작은 학교일수록 학부모들 이야기를 더 듣고 더 만나야 한다고 말했지만, 나만 잘난 척하고 학부모들을 선동한 꼴이 되고 말았다.

내가 하는 모든 교육활동의 중심에는 늘 아이들을 두고 싶었다. 여러 선생님이 꿈꾸는 모습이기도 하겠지만, 모둠을 짜서 그 모둠에서 가고 싶은 곳을 정하고 계획을 세우면 내 차에 아이들을 태우고 여러 곳을 많이 다니려고 했다. 해마다 여름이면 1박 2일로 백무동을 출발해서 산길을 따라 지리산 천왕봉을 다녀오기도 하고, 진안에 계곡이 아주 좋은 운일암반일암에서 물놀이를 지칠 때까지 하기도 했다. 아이들의 일상을 글로, 시로 써서 해마다 문집도 엮었다. 나 자신에게 부끄럽지 않으려고 노력했지만, 학교 현장의 답답함, 한심함, 폐쇄성에 늘 가슴이 아팠다. 학교 문화와 소통할 수 있는 통로는 워낙 견고해서 깨지지 않았다. 소통하는 학교, 새로운 학교를 언젠가 기회가 되면 진안에서 꼭 하고 싶었다. 오로지 승진을 위해 목숨을 거는 선생은 되고 싶지 않았다. 교사로서 삶의 의미를 찾고 싶었다.

행복한 학교를 준비하면서

　꿈을 꾸면 이루어지는가? 드디어 기회가 왔다. 선생이라면 누구나 다 알고 있는 여러 좋지 않은 관행으로부터 전북 교육계가 조금씩 달라지기 시작했다. 진안에서도 새로운 바람이 일었다. 학부모와 교사, 아이들이 함께하는 모임을 만든 것이다. 주마다 한 번씩 모여서 사는 이야기도 나누고 소통하며 서로 알아가기 시작했다. 한 번도 그런 경험이 없었던 학부모들은 선생들과 이야기를 나누면서 자기 아이에 대한 걱정부터 교육에 대한 불만을 쏟아놓기도 했지만 그러면서 자연스럽게 교육이 어떻게 바뀌었으면 하고 기대 섞인 이야기도 하게 되었다.

　그런 과정에서 지역의 가장 큰 문제인 작은 학교 살리기가 중요한 화두가 되었다. 거기에 바로 내가 가려고 하는 '장승학교'가 있었다. 2010년 전교생 13명에서 2011년에는 9명으로 줄어드는 아주 작은 학교. 교사 넷에 3학급이고, 한 학급은 복식이었으며 그냥 두면 2012년 폐교가 예정되었다. 폐교 예정이다 보니 몇 년 동안 시설투자가 전혀 이루어지지 않아 아주 낡은 시설과 환경, 적은 교사로 많은 업무를 해야 했다.

　진안의 학부모 사이에 자연스럽게 행복한 학교를 만들려고 한다는 소문이 퍼지기 시작했다. 내 둘레에 살고 있는 학부모들 역시 행복한 학교를 한다고 하니 너도나도 보내려고 했다. 교육과정에 대해 잘 알지는 못하는 부모들이었지만, 우리 아이들이 시험의 굴레를 벗어던지고 행복하게 학교 다니기를 바라는 마음과 학부모들도 학교가 좀 더 가깝기를 바라는 마음도 있었을 게다. 반신반의하며 걱정하는 학부모부터 우리 아이는 꼭 보내겠다는 학부모까지 반응도 여러 가지였다. 하지만 우리가 하려고 하는 학교가 지금까지 이어오던 학교의 잘못된 관행이나 행태를 바꾸고자 하는 것임을 설명하니 '과연 정말로 그런 학교가 될까요?' 하고 반문하기도 했다. 그만큼 학교가 지금까지 학부모들에게 어떤 모습으로 자리 잡고 있었는지 알 수 있었다.

행복한 학교에 담고 싶었던 이야기

2011년에 3학년인 아들과 1학년 입학생이던 딸도 나와 함께 장승학교로 왔다. 내 아이들에게도 행복한 학교를 선물하고 싶었다.

"아빠, 그 학교는 시험 안 봐?"

"현장학습도 자주 가지? 아, 나 빨리 전학 가면 좋겠다."

학교에 가기 전에 우리 아들이 입에 달고 하던 말이다. 남들 앞에서 그런 이야기는 함부로 하면 안 된다고 주의를 주었지만, 아이도 기대가 컸던 모양이었다. 사실 나도 그랬다. 새로운 학교에 대한 기대와 꿈이 나를 있게 하는 힘이었다. 새로운 학교 운동을 시작하면서 나도 새로운 꿈을 꾸었다. 그렇게 새로운 꿈으로 셋째 겨레가 태어났고, 넷째 벼리가 태어났다. 학교 둘레 햇볕이 잘 드는 마을에 아담한 집도 지었다. 앞으로 우리 아이들이 살아갈 세상이 만만치 않다는 것을 누구보다도 잘 알고 있지만, 달라질 세상을 꿈꾸며 우리 셋째와 넷째에게 좋은 학교를 선물해주고 싶었다. 시멘트로 둘러싸인 곳, 아래층 눈치 살피며 잔소리처럼 늘 뛰지 말라고 닦달하던 아파트를 벗어나 마음껏 뛰어도 아무 소리 듣지 않고, 맨발로 밖에 나가 흙이 있는 마당에서 언제나 놀 수 있는 살아있는 공간을 아이들에게 선물하고 싶었다. 학원에 지치지 않고, 학교 가는 것을 늘 기다리며, 학교 가지 말라는 말을 제일 무서워하는 그런 아이가 되기를 바랐다. 나도 학교 가는 것이 즐겁고, 학교 문화는 늘 소통하고, 이해하며 대화하는 곳, 그 중심에는 늘 아이들이 있고 교육과정과 수업을 늘 고민하는 곳. 그런 학교가 장승학교였으면 하고 꿈을 꾸었다. 단순히 교장 선생이 시키는 것만 하는 게 아니라 선생들 스스로 무언가를 결정하고 교장과 교감은 도와주는 학교, 학부모가 학교를 어려워하지 않고 스스럼없이 언제가 다가갈 수 있고 선생님과 늘 대화하는 학교, 수업 시간에 아이들 눈이 초롱초롱하고 선생과 아이들이 함께 배우는 학교가 바로 장승학교이기를 바랐다.

행복한 학교를 준비하면서 힘들었던 것은 학구 위반이니 검증도 되지 않은 것으로 아이들 가지고 실험을 하냐느니 현재 학교에서 아이들을 빼내 가는 것은 배신행위라느니 하는 말이었다. 또 어떤 어른들은 혼자 잘난 척하는 것이냐며 꾸짖기도 했다. 하지만 나는 법을 어기려고 장승학교를 만들었던 것이 아니라 내 둘레의 아이들 그리고 내 아이로부터 교육을 살려보려 했다.

요즘 시골 지역은 다문화 가정이 많고, 한 부모 가정이나 할아버지 할머니가 돌봐 주는 아이가 많다. 그 아이들은 밥 짓는 일도 잘하고, 청소도 잘한다. 냇가에서 그물질도 잘하고, 뜀박질도 잘한다. 인사도 잘하는 아이들 속에 내 아이도 함께 배우고 함께 자라게 하고 싶었다. 그 아이들과 노래도 부르고, 서툴지만 악기도 연주하면서 마음껏 운동장을 달리는 꿈을 꾸었다.

이오덕 선생님은 '사람이 왜 일을 해야 하나 하는 물음은 사람이 왜 살아야 하나 하는 말과 같다'고 '또 사람이 가르치는 첫째 과제는 일하기가 되어야 하고, 일하기를 하면서 사람다운 느낌과 생각을 가질 수 있다'고 하셨다. 이런 선생님의 뜻은 아주 가치 있고 소중하다. 사람다움은 땀을 흘리면서 땀의 가치를 느끼고 그런 과정에서 좋은 생각을 가지며 바른 뜻을 세울 수 있으니까 말이다. 이런 뜻에 따라 장승초등학교 교육과정을 일하기 중심으로 이루게 되었다. 조금은 거창하지만 '스스로 서서 서로를 살린다'는 우리 학교 철학도 일하기를 하면서 마음(느낌과 생각과 뜻)이 자라다 보면 이루어지리라 믿고 세운 것이다.

진정성이 먼저다

장승학교를 시작하고 어느 정도 정착했을 무렵부터 학교가 알려지기 시작하면서 많은 사람이 학교에 찾아오기 시작했다. 어떤 과정으로 어떻게 학교를 살리게 되었는지 궁금했을 게다. 더군다나 전국에는 큰 학교보다 작은 학교가 참 많다. 군 규모 지역의 작은 학교는 50명 미만인 경우가 태반이다. 그런 학교마다 여러 고민이 있을 텐데, 그 가운데 학생 수가 줄어드는 문제는 가장 큰 고민거리이다. 어떻게 하면 학생 수가 줄어드는 학교를 학생이 찾아오는 학교, 학생이 늘어나는 학교로 만들 수 있을까 고민한다. 그래서 장승에 찾아오는 분 가운데 많은 분이 학교를 살린 가장 핵심이 무엇인지 묻는다.

'학교를 살릴 수 있는 핵심이 무엇일까?' 의외로 답은 간단하다. 그건 바로 진정성이다. 쉬운듯하면서도 어려운 것이 바로 진정성이다. 겉으로 보이는 것이 아니어서 더욱 그렇다. 밖에서 바라보는 교사 집단은 긍정적이지 못해서 철밥통 정도의 집단으로 보는 사람이 제법 많다. 변하려고 하지도 않고, 새로운 것을 시도하지 않는 그냥 안주하려고 하는 집단 정도로 바라보니 사실 억울한 측면도 크긴 하지만 말이다.

예를 몇 가지 들어볼까? 무더위가 기승을 부리는 한 여름 오후 4시 반 무렵은 농부들에게는 한창 일을 해야 하는 시간이다. 그런데 한창 일을 하는 농부들의 시선을 끄는 한 무리가 교문을 빠져나간다. 바로 교직원들의 퇴근 풍경이다. 그러면 농부들은 구부렸던 허리를 펴면서 혀를 끌끌 찬다. 속으로 말할 것이다. '저런 것들을 어떻게 믿어. 아이고, 기대할 게 없어.' 단순히 퇴근 시간이 일러서 그러는 것이 아닐 게다. 교사를 존중하고 존경하던 시골의 정서는 많이 바뀌어서 어느 때부턴가 시선이 차가워졌다. 하루 이틀의 문제가 아니라 오랫동안 학교 집단을 바라봐 온 그들만의 바뀐 시선이리라.

또 다른 시선을 볼까? 담임교사가 아이의 진학 문제로 전학을 고민하는 학부모와 상담을 한다. 상담하는 가운데 교사가 "도시 나간다고 별 볼 일 있나요? 오히려 요즘은 시골이 좋아요"라고 말한다. 물론 영혼 없는 말이다. 교사의 삶이 학부모에게 평소에 감동을 주고, 좋은 관계를 유지했다면 학부모는 이 교사의 말을 진정성 있게 받아들였을 것이다. 하지만 그런 관계가 형성되지 않았다면 대부분 '자기는 도시에서 애들 학교 보내면서 우리 애들은 시골에서 보내라고?' 하고 비아냥거릴 것이다.

선생은 뭐 하는 사람이지?

가끔 선생이 정작 근본으로 해야 할 일이 무엇인지 헷갈리는 경우가 있다. 그럴 수밖에 없는 것이 일이 많기 때문이다. 더 안타까운 것은 아이들과 함께 재미나게 수업하는 선생보다는 일을 잘하는 선생을 유능하다고 판단하는 경우가 상당히 많다는 점이다. 신속하게 일을 잘하는 선생, 공문을 잘 처리하고 아이들과 별로 관련 없어 보이는 연구에 밝은 선생님들 말이다. 물론 수업도 아이들과 재미나게 하고 다른 일도 잘한다면 뭐라 할 일은 아니다. 그렇지만 교사의 근본은 무엇보다 교실에서, 교실 밖에서 아이들과 행복하게 지내는 것이 일 번이 되어야 한다. 하지만 그렇지 않은 불편한 진실이 있다는 걸 우리는 다 알고 있지 않나.

정말 선생이 무엇을 하는 사람인지 근본에서 생각해보면 좋겠다. 아무리 바빠도 선생 노릇은 해야 한다. 일이 중심이 되어서는 바르지 못하다. 공문을, 일을 늦게 한다 하더라도 아이들이 중심이 되어야 한다. 학교가 제대로 되려면 아이들에게 충실할 수 있도록 일을 줄여주어야 한다. 그런 근본 노력이 없이는 모두 공염불이다.

작은 학교 상상하기

'상상'을 하려면 무엇보다 수렴이 아니라 확산이어야 한다. 정답이 없다는 말이다. 정답이 없으니 누구든 어떤 이야기를 해도 괜찮다. 작은 학교를 가꾼다는 것은 곧 구성원들의 '상상'으로 만들어간다는 것이다.

구성원들이 자기 생각을 움츠리지 않고 언제 어디서든 이야기할 수 있고, 그렇게 이야기한 것이 학교교육과정에 반영되면 그것이 곧 훌륭한 '학교상상'이다. 하지만 아직 우리의 학교 문화는 그렇지 못하다. 우선 창의적으로 무엇을 해보려고 하면 여러 가지 조건과 단서가 꼭 따라붙는다. 그것이 우리의 창의와 상상을 가로막는다.

첫 번째가 바로 "사고 나면 어쩌려고 그래? ○○선생이 책임질 거야?"하는 말이다. 그 말이 떨어지자마자 여러 창의적인 생각을 말했던 교사들은 입을 닫고 만다. 두 번째는 "학교에 예산이 없어서 그건 안 돼요"라는 말이다. 학교의 예산은 충분하지는 않지만, 아이들과 뜻있는 활동을 하는 것이 무엇보다 일 번이 되어야 한다. 모든 활동을 다 할 수 있을 만큼 예산이 충분하지 않아 못 하는 경우도 있겠지만, 교육공동체가 서로 머리를 맞대고 생각을 나누다 보면 좋은 생각을 이끌어낼 수 있다. 세 번째는 "진도는 어떻게 하려고? 그렇게 해서 진도는 다 하겠어?"라는 말이다. 진도, 도대체 진도가 무슨 의미가 있는가? 진정한 교육과정 재구성이라면 진도를 초월해야 한다. 아이들에게 단순한 지식을 외우게 하는 것은 의미가 없기에 아이들의 참 학력을 가꾸려는 노력을 해야 한다.

얼마 전 전북연수원 1정 연수장에서 갓 4, 5년 차가 된 교사들을 만났는데 그들에게 위 세 가지에 얽매이지 말고 여러분이 가진 상상력을 펼쳐보라고 했더니 놀라울 정도의 생각이 나왔다. 결과물은 대단했다. 펼치지 못한 생각을 늘 마음에 담아두고 살았으니 얼마나 답답했을까? 학교의 구조에 매몰되어 숨죽이고 있을 뿐이지 그들은 그들만의 충분한 상상력이 있었다. 그리고 그러한 생각은 동료 교사와 함께 나눌 때 만들어질 수 있었다. 결국, 그렇게 이야기를 나눌 수 있는 열린 '판'이 필요한 것이다. 무한한 상상은 자유로움에서 나온다. 자유로운 마음은 새로운 생각을 하게 한다. 교사들에게 자유로운 상상을 할 수 있도록 시간을 주고, 여유를 주어야 한다.

'불가근불가원'을 넘어서기

예전부터 교사 사이에서 학부모는 '불가근불가원'처럼 지내라는 말이 있다. 너무 가까이해도 좋지 않고, 너무 멀리해도 좋지 않으니 어중간하게 지내라는 뜻이기도 하다. 보통 학교 문화이기도 하다. 사실 나이가 적고 결혼을 하지 않은 여선생님들은 학부모 대하기가 참 어렵고 힘들다는 이야기를 종종 한다. 결혼도 하고, 남자 교사 같은 경우야 조금 덜 하겠지만, 아가씨 선생님이나 젊은 선생님들은 대체로 학부모들과의 관계를 제일 어려워한다.

부모 처지에서 교사를 만나는 것은 어떨까? 부모도 물론 그렇다. 담임 선생님이 가장 어렵다. 선생님께 솔직하게 하고 싶은 이야기가 있어도 혹시나 우리 아이에게 피해가 가지 않을까 해서 선뜻 용기 내지 못하는 경우가 참 많다.

학부모와의 관계를 어떻게 원만하게 이루어갈 수 있을까? 어려울 수도 있겠지만, 무엇보다 자주 만나고 자주 통화하고 이야기하는 것이 필요하겠다. 다모임이든 상담이든 자주 만나서 아이에 관해 이야기를 나누고 소통해야 한다. 혹시 관점이 다르거나 잘못되었다면, 학부모와 교사가 함께 성장할 수 있도록 달마다 꾸준히 함께 교육을 받는 것도 중요하다. 같은 철학을 가지고 함께 갈 때 아이에 관해 좀 더 깊고 발전적인 이야기를 나눌 수 있을 것이다.

수업과 평가에 대한 새로운 관점

기존의 월말평가나 중간평가 그리고 객관식 평가를 벗어나 새로운 시도를 하는 학교가 요즘은 제법 있다. 전북에서는 중간, 기말평가의 방식이 2017년부터 사라지고 수시평가로 바뀐다. 이는 평가가 바뀌지 않고는 수업과 다른 어떤 것도 바뀔 수 없다는 문제의식에서 출발했다. 교과부에서도 학교 현장의 요구를 수용한 것인지 서술평가에 관심을 보이기 시작했다. 평가의 횟수도 좀 더 자유로웠으면 하는 생각이 크다. 요즘은 월말평가를 실시하지 않고 중간과 기말평가를 보는 학교가 많지만, 더 줄여도 좋다는 생각이다. 초등학교 시절 자유롭게 자란 바탕이 정말 공부가 필요할 때 큰 힘을 발휘하리라 믿기 때문이다.

혁신학교 6년 차인 장승학교에 관해 다른 학교에서 가장 궁금해 하는 것 가운데 하나가 수업이다. '이 학교는 수업을 뭔가 특별하게 하겠지?' 또는 '아마 다른 학교와는 좀 다를 거야' 하고 생각하는 분이 많다. 그래서 혁신학교 중에서도 좀 잘 나가는 학교에 근무하는 교사는 다른 교사들의 시선이 조금 부담스럽다고도 한다. 뭔가 특별한 수업이 정말 있을까? 그러면 아이들에게 날마다 '쇼'처럼 수업을 해야 할까? 교사에게 수업은 늘 고민하는 아주 어려운 숙제이기도 하다. 어떤 교사들은 말한다. 수업에 대해 늘 고민하고 연찬해도 부족한 것 같고, 수업만 생각하면 자존감이 낮아진다고. 다른 건 다 괜찮은데 수업만 생각하면 머리가 지끈거린다고도 한다. 왜 그럴까? 수업은 꼭 특별해야만 할까?

핀켈 교수의 『침묵으로 가르치기』라는 책에 공감하는 글귀가 있었다. 그 내용은 이렇다. '좋은 교육이란 다른 사람에게 중요한 지식을 배울 수 있는 상황을 만들어주는 일'이라는 것이다. 어쩜 이렇게 내 마음과 통할까? 동양과 서양으로 멀리 떨어져 있는 사람이지만 이렇게 생각이 같을 수 있다는 사실에 놀라고, 아이 눈으로 수업 보기를 하면서 말로 가르치기보다는 아이들이 스스로 깨달을 수 있는 상황을 만들어야겠다는 생각을 참 많이 했던 경험에 놀란다.

앞에도 언급한 것처럼 아이들과의 관계에 대해 좀 더 깊은 고민이 필요할 듯싶다. 우리가 늘 동경하는 핀란드나 스웨덴 수업, 배움의 공동체를 봐도 특별함보다는 아이마다에 관심을 기울이는 것이 기본이다. 수업의 틀에 따라 목표를 정하고 하는 것도 필요하겠지만, 아이들의 특성을 생각하면서 그 아이들에게 어떻게 도움이 될 수 있을까를 먼저 고민한다면 남들이 보기에는 화려하진 않더라도 아이들에게 필요한 수업이 될 수 있을 것이다.

조금 다른 이야기일 수도 있겠지만, 교과서의 틀도 벗어나려는 노력이 필요하다는 생각이다. 예를 들어 국어 과목은 교과서를 열심히 한다고 해서 국어능력이 향상된다고는 믿지 않는다. 그렇다고 교과서를 무시한다는 건 결코 아니다. 국어는 말 그대로 읽기와 쓰기와 말하기, 듣기를 잘할 수 있도록 도와야 한다. 그러려면 책을 읽고, 토론하고, 겪은 일이나 생각을 많이 쓰고, 영상을 보고 말하고 듣는 것이 국어공부 아니겠나. 무엇보다 혼자 고민하는 것보다는 수업공동체를 형성하여 수시로 수업을 열고 수업 대화를 나누는 노력이 되어야 할 것이다.

교육과정 틀 깨기

교육과정은 선생님들에게 어떤 의미일까? 선생님들에게는 늘 고민하는 화두가 아닐 수 없다. 대학 시절 교육학을 공부하면서 수 없이 들어왔던 말이기도 하다. 또 해마다 연말 연초가 되면 각 학교 연구부장 선생님들은 학교교육과정을 짜느라 방학 내내 바쁜 것도 사실이다. 사실 모든 구성원의 마음과 뜻이 교육과정에 온전히 담아야 하지만, 쉽지 않은 과정이기도 하거니와 대부분 학교에서 연구부장의 일인 경우가 참 많다. 여러 가지 까닭이 있겠지만 우선 학교교육과정이 현실과는 다른 말의 꾸밈으로 이루어진 데다 모든 구성원의 생각을 담지 않아서 가슴에 다가오지 않기 때문일 것이다. 여러 선생님이 더 잘 아시겠지만, 우리가 소위 잘되었다고 하는 교육과정을 살펴보면 공통점이 있다. 우선 겉이 화려하고 틀에 따라 미사여구가 많다. 무엇보다 교육과정은 모든 구성원이 공유해서 함께 나누고 서로의 생각과 뜻을 모아 구성해야 한다고 생각한다. 그렇지 않다면 만든 날 이후로 누구도 처다보지 않는 교육과정이 되고 말 것이다.

교육과정은 여러 가지로 이해될 수 있지만, 우선 사전적 뜻으로는 '교육 목표를 달성하기 위하여, 그 내용을 체계에 따라 조직한 교육의 전체 계획. 학교의 지도 아래 이루어지는 교과 지도와 생활지도, 학교에서 일어나는 모든 일'을 일컫는다. 교육과정에 따라 학교 교육과 교실 교육이 이루어지고 아이들과의 만남이 이루어지는 것이다. 학교에서건 학교 밖에서건 지식뿐만 아니라 아이들과 함께하는 모든 활동을 말하기도 한다.

장승학교 교육과정은 학교와 아이들, 학부모들이 무엇을, 어떻게, 왜 만나야 하는지 교육을 어떻게 함께 만들어나가야 하는지에 대해 뜻과 철학을 내보인 길잡이라 할 수 있다. 교사의 역할과 추구하고자 하는 것, 한 해 동안 아이들과의 모든 생활 등의 세세한 부분과 어떤 준비를 해야 하는지 어떤 잣대로 보아야 제대로 보는 것인지 그 알맹이가 바로 교육과정이라 할 수 있다. 따라서 교육과정에는 학교의 모든 것이 담겨 있어야 한다. 교사들과 학부모, 아이들이 이야기하고 나누며 소통하는 공간이 바로 교육과정이 되어야 한다고 믿는다.

친목회 다시 생각해보기

십여 년 전 어느 학교에 있을 때 기억이 떠오른다. 같은 금액의 회비를 내면서도 관행처럼 친목회장은 무조건 관리자라는 생각이 맞지 않는 것 같아 여러 선생님이 마음을 모아서 친목회장을 평교사로 바꾸자고 했다. 하지만 교장 선생님은 당신을 무시한다고 많이 불편해하셨다. 어찌 되었든 친목회장은 평교사가 하는 것으로 되었지만, 몇 해가 가고 구성원들이 바뀌면서 자연스럽게 다시 교장이 친목회장이 되었다.

상하관계, 수직관계에 익숙한 학교 구조에서 친목회장은 마땅히 교장이라고만 생각한다. 그렇다고 교장 선생님이 회비를 더 내는 것도 아니다. 행정실부터 교무실의 모든 구성원이 똑같이 낸다. 친목회 운영 형식도 그렇다. 초등 교사들에게 계륵 같은 배구의 틀을 벗어야 한다. 좀 더 교직원들의 문화에 긍정을 주는 것으로 바뀌어야 한다. 주마다 한 번씩 하던 친목회도 바뀌어야 하겠다. 물론 교직원 간의 친목이 중요하지 않다는 건 아니지만, 친목회를 많이 한다고 해서 교직원들이 더 가까워지고 잘 지내는 것도 아니다. 친목회 횟수와 관계성이 꼭 비례하는 것은 아니라는 말이다. 그렇다면 두 주에 한 번 정도 직원들과 평등한 관계에서 부담 없이 이야기를 나누거나 의견을 물어서 하는 것도 좋겠다 싶다.

서로 배려하는 문화

세상이 민주화되고 시대가 변하다 보니 역으로 관리자를 배려하지 않는 문화도 있다고 본다. 사실 배려라는 것이 강자가 약자에게 불쌍해서나 안쓰러워서 하는 건 아닐 것이다. 평등한 관계에서 상대방의 마음을 헤아리고 살피는 것을 말한다.

교장, 교감 선생님의 경험과 노하우가 다양한 소통으로 서로 이해하고 배려하며 더 좋은 방향을 찾아낼 수 있도록 하고, 이러한 것들이 교육과정에 반영될 수 있도록 하면 좋겠다. 이러한 바탕에는 서로에 대한 믿음이 있어야 한다. 분위기가 좋지 않은 학교에 가면 금세 티가 난다. 교사들은 교장, 교감이 있을 때는 아무 말도 하지 않다가 교장, 교감이 나가고 나면 봇물 터지듯이 말문이 터진다. 그리고 한참 있다가 교장 선생은 나를(?) 따로 불러서 도대체 교사들이 열심히 하지 않는다고 교사들 탓을 한다. 이런 학교에서 새로운 학교 문화를 만들어간다는 것은 요

원하기만 하다. 서로 존중하는 마음이 무엇보다 먼저다. 그것이 바탕이 되었을 때 서로 배려하는 문화가 자리 잡을 수 있다.

작당모의를 하다

요즘 학부모들과 새로운 상상을 꿈꾸고 있다. 일명 '작당모의'다. 장승학교 둘레에 30가구가 넘는 집이 이사를 왔는데 사실 지금까지 함께 무엇인가를 시작하지 못했다. 의도하지 않은 실패도 있었기 때문에 더 두렵기도 한 것이었을까? 그 실패는 바로 '건축협동조합'이었다.

학부모 가운데 나무집을 짓는 분이 여럿 있다. 그런데 새로 집을 짓기로 한 학부모가 나무집을 짓는 학부모들에게 집을 지어달라고 부탁했다. 그래서 학부모 여럿이 힘을 합쳐서 짓기로 했다. 학부모가 짓고 싶은 집을 최대한 의견을 들어서 설계도도 그려보고, 서로 소통하면서 멋진 집을 상상했다. 한 발 더 나가서 이왕 이렇게 된 거 협동조합을 만들어서 앞으로 집 짓기를 희망하는 학부모에게 최대한 싸고, 좋은 집을 지어주는 상상을 하게 된 것이다. 그것도 협동조합의 형태로 말이다. 부푼 꿈을 안고 기초도 하고, 서로 힘을 모아 멋지게 일이 진행되어 갔다. 그런데 그런 과정에서 집을 짓기로 한 집에서 여러 가지 사정으로 집을 짓지 못하게 되었다. 집을 짓기로 한 분들은 많은 상처를 입었다. 그리고 한참 부풀었던 꿈도 모두 꺼지고 말았다.

이 일이 있고 난 다음부터 새로 무언가를 시작하는 것이 더욱 어렵게 되었다. 잘될 때야 좋지만 잘되지 못했을 때 관계가 무너지고, 마음의 상처를 받게 되는 걱정도 컸던 것이다. 벌써 두 해 전의 일이다. 이젠 다시 꿈틀거려야 하지 않을까 싶다. 조금씩 작당모의를 해보려고 한다. 날도 춥고, 두런두런 모여앉아서 새로운 꿈을 꾸어보려고 한다. 큰일부터 하는 게 아니라 지금 살고 있는 곳에서 꼭 필요한 것이 무엇인지, 작은일부터 우리가 시작할 수 있는 것이 무엇이 있는지 찾아보려고 한다. 젊은 사람들이 시골로 들어와서 아이들을 위해 온전히 희생하는 것이 아니라 아이들은 아이들대로 행복하고, 어른들은 어른들대로 행복을 찾으려고 한다. 그래야 학교와 아이들을 위해 어른들의 삶을 희생하는 일은 없을 테니까 말이다.

지극히 상식에 맞는 학교

장승학교에서 하는 교육활동이 특별해서도 안 되겠지만 사실 특별하지도 않다. 다만 세상에서 일어나는 비상식적인 일을 생각하면 우리라도 지극히 상식적으로 하면 좋겠다는 생각을 해본다. 어디든 지극히 상식적인 수준만 생각해서 그렇게 교육을 하고, 일을 하면 되는데 세상에 비상식적인 일이 비일비재하다. 누구나 생각했을 때 학교에서 이 정도면 맞겠다 싶은 일, 다시 말하면 학교에서 이루어지는 모든 일, 수업이 그렇고 협의회가 그렇고 일어나는 모든 일이 그렇다.

학교에서나 나라에서 좋지 않은 일이 일어났을 때 함께 슬퍼하고 함께 고통을 나눌 수 있어야 한다. 하지만 지금 나라는 그렇지 못하다. 슬픈 일을 함께 공감하고 나눌 능력도 되지 않는다. 슬픈 일이 있어도 내 일이 아닌 듯 그냥 바라보고 있고, 오히려 비아냥대는 꼴은 차마 눈 뜨고 볼 수 없는 지경이다. 지극히 비상식적이다. 다른 사람의 슬픔을 나눌 수 없고, 공감할 수 없다면 그건 사람의 영역이 아닌 것이다.

학교에서 이루어지는 일들이 그리고 세상이 지극히 상식적이면 좋겠다. 서로 생각을 나누고, 함께하는 지극히 상식적인 그런 학교를 꿈꾸는 것이 욕심일까?

우선 나부터

내가 젊고 자유로워서 상상력의 한계가 없을 때

나는 세상을 변화시키겠다는 꿈을 가졌다.

그러나 좀 더 나이가 들고 지혜를 얻었을 때

나는 세상이 변하지 않으리라는 것을 알았다.

그래서 내 시야를 약간 좁혀 내가 살고 있는

나라를 변화시키겠다고 결심했다.

그러나 그것 역시 불가능한 일이라는 것을 알았다.

나는 마지막 시도로 나와 가장 가까운

내 가족을 변화시키겠다고 마음먹었다.

그러나 아아, 아무도 달라지지 않았다.

이제 죽음을 맞기 위해 자리에 누워

나는 문득 깨닫는다.

만약 내가 내 자신을 먼저 변화시켰더라면

그것을 보고 가족이 변화되었을 것을,

또한 그것에 용기를 내어 내 나라를 더 좋은 곳으로

바꿀 수도 있었을 것을,

그리고 누가 아는가, 세상까지도 변화되었을는지.

― 웨스트민스터 대성당 지하묘지에 있는 어느 성공회 주교의 묘비명

지금 내가 가지고 있는 꿈이 무엇인지 생각해보자. 내가 아닌 다른 사람을 먼저 바꾸고자 했다면, 다시 한 번 생각을 바꿔보자. 우선 나부터, 내 삶부터 다시 시작해보자. 나부터 바꾸는 노력은 용기가 있어야 한다. 학교가 뜻대로 잘 바뀌지 않는다고 학교 탓을 한다. 그리고 그 구성원인 교장, 교감의 탓을 한다. 그리고 함께하고자 하는 교사들이 없다고 한탄한다. 물론 둘레에 함께하고자 하는 사람은 무엇보다 귀하고 귀하다. 하지만 다른 사람을 바꾸려고 노력하기 이전에 내 삶이 어떤지 내가 삶을 살고 있는지 돌아보아야 한다. 물론 이 글을 쓰고 있는 나는 더욱더 그렇다.

폭은 넓게, 깊이는 깊게

학부모들이 학교 둘레로 귀촌하면서 식구가 많아지면 많아질수록 생각이 다른 분들도 제법 온다. 처음에는 출발이다 보니 생각도 순수하고 학교에 대한 기대보다는 운동의 차원에서 오신 분이 많다. 그리고 몇 집 되지 않아서 서로의 생각을 잘 알고 이해하기도 쉬웠다. 하지만 식구가

점점 많아지면서 오는 분들의 생각도 제각각이다. 그러다 보면 작은 일에도 다툼이 생기고, 오해가 생기기에 십상이다. 따라서 다양한 생각을 인정해주는 것이 무엇보다 필요하다. 다른 생각도 있겠구나 하고 폭넓게 인정해주면서 그 생각을 존중해주어야 한다. 다만 관점은 중심을 잡아야 할 것이다. 그렇게 폭넓게 이해하고 받아들이면서도 깊이를 더 해야 한다. 특히, 함께 공부하고 토론하는 모임을 꾸준히 유지해야 한다. 다양한 사람들이 오는 것은 허용하되 독서모임이나 토론모임으로 생각을 나누면서 자연스럽게 동화되고 깊이를 더 할 수 있도록 해야 한다. 장승 학부모들도 독서토론모임이 큰 역할을 하고 있다. 책을 함께 읽고 나누면서 생각의 깊이도 훨씬 깊어진다.

상상이라는 말이 허무맹랑할 수도 있겠지만, 우리가 학교와 마을을 어떻게 생각해왔는지 돌아볼 일이다. 상상은 그저 먼 곳에 있는 것이 아니라 지금 내가 딛고 있는 곳에서 '무엇을 해볼까?', '이거 재미있겠는데' 하고 생각하는 것에서 출발한다. 그러려면 평등한 구조를 꿈꾸고, 학교의 문턱을 낮추며 서로 생각을 나누는 학교가 되어야 한다.

학교는 어린이만 배우는 곳이 아니라 교사와 학부모도 배우는 곳이어야 한다. 몸에 밴 관행에서 벗어나 교사와 학부모의 깨우침과 앎이 학생들의 자람과 깨우침, 앎이 되어야 한다. 장승학교에서 서로 나누고 배우면서 생활하는 과정 자체가 배움이자 나눔이며 삶을 가꾸는 것이라 믿는다.

교사는 교육의 본질을 고민하는 사람들이라고 믿는다. 그렇다면 아이들에게 무엇이 필요한지를 찾아서 내가 먼저 받아들이고 인정하는 것이 필요하다. 그렇게 나를 낮추고 아이들과 마음을 나누어야 한다. 많은 사상가가 교육의 가장 큰 잘못으로 아이들에게 '두려움'을 주는 것을 꼽았다. 배움이 제대로 일어났다면 아이들이 더 밝은 모습으로 저마다 자기 이야기를 하고, 새로운 생각을 발표하며 동무들, 선생님들과 지내는 시간을 기뻐할 것이다. 한순간에 학교와 마을이 상상하는 대로 바뀔 수 없다. 오랜 시간을 두고 천천히 조금씩, 조금씩 바꾸어가는 노력이 지금 나에게 필요하다. 제법 시간이 흘렀을 때 내가 상상했던 만큼 학교와 마을이 그렇게 변해있을 것이다.

교육 입법
운동을
하자

—

■ 신동하(성남 청솔중학교 교사)

〔장면 1〕갑 교사는 평소 수업 시간에는 학업에 몰입하지 않다가 시험 때만, 시험에 나오는 것만 공부하는 학생들을 보며 늘 문제의식을 가지고 있었다. 교육 활동에 있어 부족한 부분을 점검하는 기능을 해야 할 평가가 오히려 교육 활동을 저해하고 있다고 생각한 갑 교사는 이를 극복해 보고자 지필평가 대신 과정 중심의 수행평가만으로 성적을 산출하는 것을 모색해 보았다. 그러나 이내 단념할 수밖에 없었다. 일종의 법령이라 할 「학교생활기록부 관리지침」에 지필고사를 꼭 시행해야 하는 것으로 나와 있기 때문이었다(2016년 3월 교육부는 「학생생활기록 작성 및 관리지침」 개정을 통해 전면적으로 수행평가만으로 성적을 산출할 수 있게 하려는 움직임을 보이다 번복하여 일선 학교에 큰 혼란을 야기했다).

〔장면 2〕을 교사는 평소에 교우 관계도 매우 좋고 정의감도 투철하나 우연한 상황과 순간의 실수로 학교 폭력 사건에 휘말린 한 학생의 생활기록부에 학교폭력자치위원회 의결 사항을 기입할 수밖에 없었다. 「학교폭력 예방 및 대책에 관한 법률」에 의한 강제 이행 사항이었기 때문이다. 씁쓸한 마음으로 이 사안을 NEIS 생활기록부에 입력하고자 컴

퓨터를 켠 을 교사는 학생의 인권 침해 소지가 다분하고, 활용도가 높지 않으면서도 교사에게는 과중한 잡무를 양산시키는 다양 다기한 생활기록부 입력 항목들을 보며 화가 치밀었다. 그러나 이 역시 「학교생활기록부 작성 및 관리지침」에 규정된 사항이라 손댈 여지가 없다.

［장면 3］ 병 교사는 새 학기에 초등학교에 입학하는 자녀를 돌보기 위하여 육아 휴직을 신청하려다 학교 관리자들과 부딪혔다. 전셋값 폭등으로 빚이 많은 가정 형편상 한 학기간의 휴직을 신청하려 하자, 기간제 교사 구하기가 어렵다며 일 년 휴직을 강권당한 것이다. 관리자는 "휴직은 개인이 마음대로 하는 것이 아니라 「교육공무원법」 상 '임용권자가 명할 수 있는 것'"이라며 휴직을 허가하지 않을 수도 있음을 시사했다. 결국, 한 학기 휴직을 할 수는 있었지만, 큰 배려나 하는 양 권위를 과시하는 관리자들과 정작 그 어떠한 실무도 뛰지 않음에도 불구하고 거의 모든 행위의 주어를 '학교의 장'으로 표기해 놓은 법체계의 부조리함을 새삼 절감했다.

교사, 법령과 공문에 죽고 사는 존재

사실 교사는 법령과 그에 근거한 공문에 따라 죽고 사는 존재다. 교사의 삶을 지배하는 학교 환경의 하나하나가 모두 법령에 규정되어 있다. 특히 교사를 학생 대신 컴퓨터 앞에 붙들어 매어 놓는 행정 업무들은 대개 법령에서 비롯된다. 해마다 어떤 업무를 맡는가를 둘러싸고 치열한 눈치작전이 벌어지게 만드는 12개(통상의 경우, 학교급에 따라 다름)의 '업무부서' 편성은 「초 · 중등교육법 시행령」에 규정되어 있던 내용이다. 현재는 시도교육청의 권한으로 이관되었으나 그 규율의 주체만 바뀌었을 뿐 이전과 큰 차이 없이 운용되고 있다.

해마다 2~3월이 되면 학교를 몸살을 앓게 만드는 교육과정 및 평가계획 작성도 법령이나 지침 수준에서 세세하게 규정되어 있다. 특히 사회적 요구가 생겨날 때마다 전체적 기획이나 체계 없이 땜질식으로 교육과정에 집어넣으라는 각종 내용(예컨대 안전이나 체육 등)은 다음에 나오는 [표 1]에서 살필 수 있듯 정규 교육과정을 위협하는 수준에 이르고 있다.

거의 활용되지 않는다는 것을 알면서도(정보공시 자료 조회수는 비공개) 4월과 9월이 되면 정보공시용 자료를 만들어 꾸역꾸역 업로드를 해야 한다. 「교육관련기관의 정보공개에 관한 특례법」 및 그 시행령에 규정되어 있기 때문이다. 이미 학부모들조차 그 효과 없음에 외면하고 있는 교원능력개발평가 역시 「교원 등의 연수에 관한 규정」(대통령령)에 따라 시행해야 함은 물론, 학부모들의 참여율을 높이기 위해 각종 무리수를 두는 과정에서 도리어 민원을 양산하는 경우가 잦다. 이 과정에서 내실 있던 자발적 수업평가들이 모조리 사라졌음은 물론이다.

교사들은 학교 밖의 개인적 일상에서도 법령의 구속을 받는다. 정치적 중립을 빌미로 일상적 참정권을 제한당하고 있다. 물론 학교에서 정규 교육과정이나 잠재적 교육과정을 운영할 때는 정치적 중립의 의무를 준수해야 할 것이다. 그러나 종교적 중립 준수의 의무가 그 역시 기본권을 가지고 있는 한 시민인 교사의 사적인 종교 활동을 방해해서는 안 되

| 표 1 | 2016학년도 초 · 중 · 고등학교 학교교육과정 반영 요소(경기도교육청)

영역	관련 법령 및 규정	반영 요구 시수	비고
영양 식생활 교육	식생활교육지원법 26조 어린이식생활관리특별법 학교급식법	연 2시간 이상	
독서 및 정보이용 교육	학교도서관진흥법 학교도서관진흥법시행령	학년별 교과분별 학기당 2시간 이상	
보건교육	학교보건법	초중고 1개 학년 이상 17차시(1단위) 이상	
성교육	학교보건법 9조 경기도교육청 성교육진흥 조례	연간 20시간 이상(성폭력예방교육 4시간 포함)	
흡연 음주 등 약물 오남용예방교육	아동복지법시행령 28조1항 학교보건법	3개월에 1회 이상 (연간 10시간 이상)	안전교육7대표준안과 연계
학생응급처치교육	학교보건법		안전교육7대표준안과 연계
장애학생인권교육	장애인복지법	연간 2시간	
학교폭력예방교육	학교폭력예방 및 대책에 관한 법률 시행령	학기당 2시간 이상	
아동학대예방교육	아동복지법31조, 아동복지법시행령 28조1항	연간 4시간 이상 (6개월에 1회 이상)	
가정폭력예방교육	가정폭력 및 피해자보호 등에 관한 법률 시행령1조2항	연간 1시간 이상	안전교육7대표준안과 연계
교통안전교육	아동복지법 31조 아동복지법시행령 28조1항	2개월마다 1회 이상 (연간 10시간 이상)	안전교육7대표준안과 연계
세계인구의날 교육	경기도교육청 인구교육진흥 조례	세계인구의 날(7.11) 전후	
통일교육	교육부 통일안보교육내실화 기본계획	5월 4주	
독도사랑교육	교육부 역사교육강화방안	독도의 날(10.25) 전후	
학생인권의날 행사	경기도학생인권조례 28조	공포일(10.5) 전후	
소방훈련	소방시설 설치유지 및 안전관리에 관한 법률 24조 공공기관의 소방안전관리에 관한 규정 14조	연간 2회 이상 훈련 (1회는 소방관서와 합동으로 실시)	

나침반 5분 안전교육	아동복지법 31보 학교안전사고예방 및 보상에 관한 법률 8조3항	매월 5분 단위 안전교육 실시(운영시간 정보공시에 보고)	
꿈 끼 탐색주간	진로교육법 12조	평가 종료 후 취약 시기	
교육복지의날 행사	교육복지우선지원사업 기본계획		교육복지우선지원사업학교만 시행
세월호추모주간	안산교육회복지원단 운영계획	참사일(4.16) 전후	
인문예술주간	경기도교육청 인문학교육진흥조례, 학교문화예술교육진흥조례 6조 2항	학기말	
안전점검의날 행사	재난 및 안전관리기본법 66조의 3	매월 4일	
학생건강체력평가주간	학교체육진흥법 8조	매년 11월 이전	
제2외국어문화이해의날 행사	교육부 학사운영다양화방안	평가 종료 후 취약 시기	
과학의달 행사	각종 기념일 등에 관한 규정	과학의 날(4.21) 전후	
욕설 없는 주간	교육부 학교생활문화과	10월 중	
친구 사랑 주간	교육부 학교생활문화과	학기별 1회	
학부모 상담 주간	교육부 학교생활문화과	학기별 1회	
재난대비안전교육	아동복지법 31조	연간 6시간 이상(6개월 1회 이상)	안전교육7대표준안과 연계
실종유괴예방교육	아동복지법 31조	연간 10시간 이상(3개월 1회 이상)	
생명존중교육	경기도교육청 자살예방 및 생명존중문화조성을 위한 조례 4조2항	학기별 1회	안전교육7대표준안과 연계
학생인권교육	경기도학생인권조례	연간 2시간 이상	
진로체험교육과정 운영	진로교육법 9~12조	연간 2시간 이상	
학업중단예방교육	초 · 중등교육법시행령 54조5항	학기별 1시간 이상	
인터넷중독예방교육	국가정보화기본법 시행령 30조의 7	연간 1회	
안전교육	교육분야 안전 종합대책	연간 51차시 제시(표준안)	안전교육7대표준안

듯, 개인적 정치 참여 활동 일체를 박탈해서는 곤란함에도 정당 가입이나 후원은 물론, SNS에서 '좋아요'만 잘못 눌러도 징계를 각오해야 하는 실정이다.

최근 논란을 빚고 있는 교원노조 비법화 문제도 결국 법령의 문제에서 비롯되었다. 「교원의 노동조합 설립 및 운영 등에 관한 법률」 제2조에는 '해고된 자는 중앙노동위원회의 판정이 있을 때까지 교원으로 본다'는 구절이 있는데, 이 조항을 근거로 전교조가 해직 교원 9명을 노조원으로 가입시키고 있다 하여 법률상 노조의 지위를 박탈한다는 처분이 내려진 것이다. 만일 이대로 대법원에서 교원노조 비법화 확정판결이 난다면(조합원이든 그렇지 않든) 개별 교사들을 보호하는 커다란 울타리가 사라져 버리는 결과가 초래된다.

교원업무 정상화와 법령

학생들과 더불어 성장하며 보람을 느끼고 싶은 것은 모든 교사의 꿈이다. 또한, 사회가 학교에 요구하는 것들도 나날이 늘고 있다. 그러나 정작 학교 현장의 교사들은 그러한 교육 활동에 매진하기 어렵다. 「초·중등교육법」 상 교원의 업무는 '교육(교육과정 및 잠재적 교육과정 운영)'이고, '행정 및 기타 사무'는 직원이 담당하게 되어있음에도 불구하고(제20조), '국어과, 수학과, 사회과…'가 아닌, '교무부, 연구부, 정보부…' 하는 행정 중심의 학교 구조에 의하여 교사 업무량의 상당 부분을 행정 업무에 할애하고 있는 실정이다.

즉, 현재 우리네 학교는 교육이 아닌 행정 중심의 구조로 형성되어 있다. 이에 따라 교사의 일과는 교육이 아닌 행정 중심으로 흐르게 되어, 시간표에 따라 수행할 수밖에 없는 수업(전체 업무의 55.9%)을 제외한 나머지 시간의 절반(전체 업무의 21.7%)이 행정 업무로 채워지고 있다. 이는 상담 및 생활지도(전체 업무의 7.7%)와 연수(전체 업무의 3.2%)가 턱없이 부족한 원인이 되고 있다. 더 나아가 한국 사회 특유의 '저신뢰 현상'에서 비롯되는 관료주의적 감시·통제 체제는 문서와 절차를 '보다 힘들게, 어렵게, 복잡하게' 만들어 가고 있다. 이러한 현실은 일상적 교육 활동의 경시와 행정 업무 우대 풍조를 확산시키는 것은 물론 번잡한 문서 행정을 교사의 전문성으로 착각하게 만들어 학교의 문화까지 왜곡한다.

물론 어려운 상황 속에서도 자발적 희생과 헌신을 통하여 '참교육' 실천에 매진하는 훌륭한 교사도 많다. 그러나 이것이 지속 가능하지 않음은 분명하다. 이러한 상황은 수업과 상담을 부실하게 만들어 학생과 학부모의 교육 만족도를 낮추는 주요 원인이 될뿐더러, 교사들의 사기와 전문성 저하를 초래한다. 동시에 교사 본연의 업무에 소홀하거나 무능한 교사들이 도리어 높은 평가를 받는 교원 승진제 부조리의 중요한 원인이 되기도 한다. 따라서 행정이 중심인 비정상적 교원 업무 구조를 '교육 중심'으로 정상화하는 "교원업무 정상화"는 21세기형 혁신교육을 위한 필수 전제조건이라 할 것이다.

경기도에서 일하고 있는 필자도 2010년도 김상곤 교육감 시절부터 이러한 문제의식 아래 교원업무 정상화 정책 구현에 참여해 힘을 보태 왔다. 실적 거양용 전시 행사와 면피용 문서질, 심지어 '노무 관리'용(문제 제기 의욕 꺾기용) 사업과 절차들로 뒤범벅이 되어 있는 학교 현장의 관행도 분석해 보았고, 한해에 학교당 1만 개가 넘게 떨어지는 공문을 전수 조사해 보기도 했다. 전교조 참교육연구소가 발주한 정책 개발 프로젝트에도 참여해 봤고, 도교육청 TF에 참여해 관련 지침이나 매뉴얼도 만들어 봤다.

이러한 노력이 나름의 성과가 없지는 않았다고 생각한다. 교육과정 등 일부를 제외하고는 종이와 전산, 이중으로 작업하는 관행은 완전히 사라진 듯하고, 그간 초법적으로 교사들이 담당하던 교무 행정 업무 일부를 전담할 인력(행정실무사)도 비정규직으로나마 채용하기에 이르렀다. '교사 본연의 업무'에 대한 성찰과 관심 환기도 이루어졌다. 단적으로 경기도에서는 10여 년 전처럼 더 이상 (요즘 유행어처럼 미개하지 않게) '근대화된' 서울을 부러워하지 않게 되었다.

그러나 교원업무 정상화의 목표가 교사가 교육과정 운영(수업과 상담)에 전념케 하는 것이라고 본다면 아직은 대단히 미흡한 실정이다. 물론 이는 새로운 시도를 펼치는 과정에서의 미숙함 때문이기도 하겠지만, 보다 근본적으로 법령에 바탕을 두고 학교 현장을 규율하는 중앙 교육부의 벽을 넘을 수 없었기 때문이다. 아무리 교육청 발 사업을 감축하더라도 교육부 발 업무 폭탄(일제고사, 교원평가, 학교평가 등 경쟁 부추기기용 평가 3종 세트, 에듀파인, 정보공시, 집중이수 등 탁상행정 시리즈, 방과후학교, 학교폭력대책, 최근의 안전교육 등 전시행정 시리즈) 투하를 막아낼 수는 없었다. 아무리 행정 업무 중심의 시스템을 개편하려 해도, 아무리 자의적으로 일을 만들어 내는 관리자들을 통제할 수 있는 민주적 의사 결정 구조를 만들고자 해도(예컨대 교무회의 의결기구화를 가능케 할 「학교자체조례」 제정) 불가능했다. 결국, 교원업무 정상화의 완성을 위해서는 법령 개정을 통하여 교육부가 벌이는 사업의 근거를 없애는 것이, 더 나아가 세밀하고도 명확한 법령 개정을 통해 교육부가 시행령으로 장난질 치지 못하게 하는 것이 꼭 필요한 것이다.

교원 승진제 부조리와 법령

'교육 기관'이라는 학교의 설립 목표를 행정 중심으로 전도시키는 번 잡한 행정 외에 일선 학교 현장을 왜곡하는 치명적인 것 중 하나가 바로 잘못된 승진제로부터 비롯되는 부조리이다. 대통령령인 「교육공무원승 진규정」에 의한 현행 교원 승진제는 일정한 점수를 채우면 자격연수를 받고 '2급 정교사-1급 정교사-교감-교장' 자격증을 취득하는 메커니즘 으로 되어 있다. 이른바 '관리자'급인 교감 승진에 필요한 점수는 아래 의 〔표 2〕와 같다.

외견상으로 보면 경력이 많으며, 근무 실적이 좋고, 연수도 많이 받은 유능한 교사가 관리자로 승진하는 것처럼 보인다. 그러나 경력 평정은

| 표 2 | 교감 승진 점수의 구조

평정 요소		점수	비고
기본점수	경력 평정	70점	
	근무 평정	100점	교장 등이 평정
	연수 성적	30점	
가산점		상한 13점	장학사, 도서벽지, 연구학교 등

가산점과 결합되어 교사로 하여금 1일 0.012점(소수점 아래 넷째 자리)씩 쌓이는 장학사 경력 가산점이나 도서벽지 혹은 연구학교 근무 경력 가산점 확보를 위한 과정에서 교사가 학생들에게 소홀하게 만든다. 불행하게도 우리는 학생들을 자습시켜 놓고 장학사 시험공부를 하는, 농어촌 가산점을 따느라 하루 4~5시간씩을 출퇴근에 허비하며 늘 피곤해하는 승진파 교사들을 쉽게 만날 수 있다. 연구학교에서 일해 본 교사들은 발표회다 보고서다 각종 전시행사 뒤치다꺼리가 얼마나 본 수업을 황폐하게 만드는지 익히 경험해 보았을 것이다.

근무 평정도 문제가 많다. 근무 평정은 수, 우, 미, 양 상대평가로 강제 배분되게 되어 있으며, 특별한 사정이 없는 한 동점자가 없게끔 규정되어 있다. 그래서 똑같은 수라도 '1등 수'(100점)와 '꼴찌 수'(95점)는 무려 5점 차이가 난다. 승진 점수 계산이 소수점 넷째 자리까지 따지는 상황이고 보면, 이는 어마어마한 점수 차이다. 더구나 명확한 기준 없이 말 그대로 평정자(교장) 마음이기 때문에 다른 승진 점수를 채운 중견 교사들은 '1등 수'를 받기 위해 운전사부터 애인(?) 역할까지 준 노예 생활을 감내하며 교장에게 무한한 충성을 바친다. 바로 이런 메커니즘 때문에 승진파 교사가 많은 학교에서는 민주적 학교 운영은커녕, 바른말조차 할 수 없는 상황이 초래되곤 하는 것이다.

연수 성적 역시 마찬가지다. 1점이라도 더 높은 점수가 나올 때까지 성적에 반영되는 연수라고만 하면 닥치는 대로 받는다. 그러나 이런 연수들은 수업에 보탬이 되기는커녕 오히려 교실에 쏟을 에너지를 고갈시킬 뿐이다. 교총 연구대회가 사실상 독점하고 있는 연구 가산점 역시 요지경이다. 몇 년 전 필자는 KBS 기자와 함께 연구대회 수상작을 조사

하려 했지만 거부당한 경험이 있다. 만일 수준이 높다라면 그러지 않았을 것으로 생각되는데, 최근 전남 지역에서 표절작을 승진에 써먹은 이들이 무더기로 사법처리 되는 사건이 일어나 이러한 추측을 뒷받침해준 바 있다. 수준뿐 아니라 과정도 문제다. 필자는 초임지 안산에서 외국인 노동자 봉사활동을 벌인 적이 있는데, '다문화'란 말도 없던 때인지라 참신하다고 느꼈는지 승진파 세 분이 연구대회용으로 자료를 요청했다. 모두에게 줬더니 차별화가 안 되는지 야간자습 시간에 학생들을 데려다가 거짓말로 토론을 시키고 사진을 찍었다. 이분들 모두 관리자로 승진했는데, 아마 제자들에게는 거짓말하지 말라고 가르칠 것이다.

물론 진보 교육감이 등장한 지역을 중심으로 이러한 비교육적 교원 승진제 부조리 해결을 위한 노력은 다양하게 펼쳐져 왔다. '승진의 지름길'로 여겨지는 장학사 선발 방식을 바꾸거나 각종 가산점에 대한 조정을 시도했다. 경기도교육청에서는 좀 더 근본적으로 비정상적 승진 열풍이 일어나는 원인, 즉 교장 승진을 힘든 교사 생활에서 벗어나 편하기 위한('직업 만족도 1위'로 상징되는) 탈출구로 여기는 풍토를 바로잡기 위하여 교실과 밀착된 독일 등 유럽 지역의 교장상을 제시하며 관리자 수업 열외 관행을 깨려는 시도를 펼치기도 했다. 그러나 이러한 시도 역시 평교사가 응모 가능한 내부형 교장 공모제가 그랬던 것처럼 「교육공무원 승진규정」 같은 각종 법령을 통해 무력화되거나 법적 근거가 없어 강제력을 갖지 못하는 등 한계를 보인 바 있다.

순응하거나, 아예 경시하거나

현재 한국의 교육 체제는 한계에 직면해 있다. 교사, 학생, 학부모 교육 3주체 모두가 각자의 자리에서 열심히 노력하고 있음에도 불구하고 효율성은 낮고 행복감도 주지 못하고 있는 실정이다. 오늘날 교육은 흔히 희망이 아닌 고통으로 묘사된다. 많은 학생과 학부모는 불안과 압박에 짓눌려 있고, 교사들은 컴퓨터 앞에 앉아 허덕인다. 그런데 학교장과 교육 관료는 늘 많은 실적을 거양하곤 한다.

이러한 부조리한 상황이 벌어지게 만든 요인에는 여러 가지가 있겠지만, 그중 주요한 요인 중 하나가 바로 교육 법령 체계의 미숙함이다. 한국 교육이 한때 한국 사회가 급속도로 발전하는 데 원동력이 되기도 했지만, 그것은 '그럼에도 불구하고' 일시적으로 이룬 성취였지 교육 법령 체계로 집약되는 선진적 시스템에 바탕을 둔 것은 아니었다. 시스템 자체는 일제 강점기 시절의 낡은 틀(예컨대 일본인 시학[오늘날의 장학사]과 교장이 조선인 교사들을 감시하기 위해 만들어 놓은 비정상적으로 집중된 교육청과 교장의 권한)이 큰 변화 없이 원형 그대로 승계되고 있는 것이다.

실정이 이러함에도 정작 교육의 주요한 행위자인 교사들은 교육 법령 체계에 별반 관심이 없다. 불만은 있지만, 뒷이야기를 하는 수준에 그치는 경우가 많아 전반적으로 볼 때 순응하고 있다고 보아도 크게 무리가 없다. 학부모나 시민 사회 그리고 학원 같은 이익 단체들은 지금 당장에는 실현 불가능한 이상적인 안을 요구하거나 이해관계에 따라 움직이는 일이 많으며, 법령을 만드는 당사자인 국회의원들은 당리당략에 빠지거나 현장에 무지하여 오히려 왕왕 학교 현장에 혼선을 빚게 만든다.

물론 현재 비법화의 위기에 빠져 있는 전교조를 비롯한 몇몇 교육 운동 단체를 중심으로 이러한 후진적 교육 시스템을 바로잡고자 하는 움직임은 있었다. 그러나 그 대응이 효율적이지는 못했던 것 또한 사실이다. 교육 당국이 입법을 통해 그 뜻을 관철하여 형식적 정당성을 확보하고, 제도화를 통해 시스템 작동의 동력을 자동으로 얻어가는 데 반해, 교육 운동 단체들은 주로 안정성과 지속 가능성에 한계가 있는 운동적 방법을 통해 그 뜻을 관철하려는 경향을 보여 왔다. '청와대 돌격 투쟁', '악법은 어겨서 깨뜨리라, 불법으로 투쟁하리라'로 집약되는 법치주의를 경시하는 한국 사회 운동 진영의 한계는 교육 운동 진영 내에서도 크게 다르지 않았다.

NEIS가, 교원평가가, 성과급이 도입될 때 가열차게 반대 투쟁은 벌였지만(물론 반대 투쟁이 전혀 의의가 없는 것은 아니다) 반대 자체에만 매몰되었다. 그러한 정책이 대두하게 된 배경에 대해(예컨대 정보화의 필요성, 부적격

교사 문제, 업무 배분 불균형의 문제) 미시적으로 접근하여 문제 해결과 조정 그리고 새 대안을 내놓는 데 힘쓰기보다는 추상적·관념적 대의를 반복하며 교사 대중 동원을 통한 전선 긋기에 주력했다. 그 결과 저변 확대에 실패하고 운동의 열기가 사그라지면 고립되고 패배하는, 즉 도입을 막아내지도 못하며 최소한의 조정조차 해내지 못하는 자족적 대응을 되풀이해 왔다.

또한, 급진적이고도 완벽한 형태의 해결만을 꿈꾸어 상대적으로 현실화 가능성이 큰 점진적·잠정적 대안의 개발에 소홀하고, 심지어 그러한 주장을 개량주의로 매도하는 일까지 잦았다. 그러나 입시를 폐지하고 대학 평준화를 이루기 위해서는 먼저 국공립대학의 비중을 유럽 수준으로 올려야 하고(이 조건을 무시하는 것은 사유재산제를 부정하는 것이나 다름이 없다), 교장 선출 보직제에 대한 기득권의 저항을 감안할 때 잠정적으로나마 교장 공모제 도입에 보다 적극성을 보였어야 했다.

그리고 무엇보다 교육 운동보다 사회 변혁 운동(통일이든 노동이든)에 경도되었던 것 또한 사실이다. 물론 현행 교육 문제의 대부분은 사회 문제와 연계된 것이기에 교육 안에서만 교육 문제를 풀려는 시도는 실패할 가능성이 크다. 그러나 사회 문제 해결에 나선다는 것이 자신이 발 딛고 서 있는 개별 각 부문에서의 '진지전'을 포기하고 (대개는 준비가 어설퍼 산산이 부서질) '투쟁의 한길로' 나서는 것을 뜻하는 것은 아니며, 도리어 그러한 전략은 전체 사회 운동에 부정적 영향을 끼칠 가능성이 크다.

교사들이여, 입법 운동에 나서자!

역사를 돌이켜볼 때, 지금까지 무엇인가 세상을 실질적으로 바꾸어 내는 데 성공했던 많은 운동의 공통점은 대개 점진적·잠정적 형태의 대안을 제시하는, 특히 입법의 형태로 제시하는 것들이었다. 재산권에 따른 차별을 없애고 성인 남성이라면 누구에게나 주어지는 보통 선거권을 얻어내는 데 성공한 차티스트 운동은 선거권 확대를 위한 입법 운동이었다.

세상의 절반인 여성을 온전한 시민으로 인정하게 한 여성 참정권 운동도 여성 투표권 확보를 위한 입법 운동이었다. 오늘날에는 너무도 당연시하는 8시간 노동도 8시간 노동제 법제화를 위한 입법 운동(이 과정에서 5월 1일, 노동절May-Day이 만들어지기도 했다)을 통해 이룩한 성과이다. 정교한 목표 없는 운동은 요구 조건이 명확하지 않고 산만하여 성공하기 힘들 수밖에 없으며, 법체계라는 형태를 통해 제도화시키지 않으면 운동이 사그라진 이후 성과를 지속할 수 없다는 것을 따져보면, 우리 운동 선배들의 이러한 전략은 현명한 것이었다. 물론 법만으로 모든 것을 해결하려는 입법 만능주의 역시 한계는 있을 것이다. 그러나 최소한의 틀과 지렛대 자체를 만들어 내는 것은 꼭 필요한 일이다.

따라서 동료 교사들에게 호소하고 싶다. 참담한 교육 현실을 실질적으로 바꾸어 내고 싶다면, 그리고 교사가 전문성을 존중받으며 교육에 몰입하고 싶다면, 보다 법령에 관심을 갖자고. 그리고 더 나아가 입법 운동을 펼쳐 보자고. 우리는 학생들에게 법은 두려워해야 할 대상이 아닌 권리를 보장하고 질서를 유지하기 위해 다듬고 고쳐야 할 대상이라고 가르치지 않았던가?

물론 그 과정은 기존에 빚어온 오류를 극복하는, 요구안을 마구 던지거나 반대만 하는 것이 아닌 법령을 정교하게 다듬어 세련되게 요구하는 과정이어야 할 것이다. 그리고 완벽한 해결책이 아니더라도 한 걸음 한 걸음 내디디며 불현듯 돌이켜 보았을 때 멀리 진보해 왔음을 실감하게 하는 그런 꾸준한 과정이어야 할 것이다. 비록 압축적 속성 근대화로 인해 비동시성의 동시성이 강하게 나타나는 사회이기는 하지만, 이미 한국 사회는 단순하게 거리에서 무언가 한방에 승부를 볼 수 있는 수준을 넘어선 복잡계로 발달한 단계임은 분명하다.

마지막으로 필자가 집필에 참여한 책 『교사가 바꾸는 교육법』의 한 구절을 옮겨 보며 글을 맺는다.

> 기존 교육 관련 법에서 몇몇 부분의 글자만 몇 개 바꾸어도 교육 현장은 크게 달라질 수 있다. 예컨대 주어가 "학교의 장은 소속 교원과 직원에게 다음과 같은 경우 휴가를 명할 수 있다"라고 되어 있는 부분은 "교원과 직원은 다음과 같은 경우 휴가를 신청할 수 있다"로 바꾸기만 해도 학교의 권위주의는 크게 완화된다.
>
> ─『교사가 바꾸는 교육법』 8~9쪽

교사들이여, 교육 입법 운동을 하자!

이 글을 마무리 짓는 시점이던 2016년 4월 13일, 제20대 국회의원 선거를 통해 원내 제1당이 뒤바뀌는 격변이 일어났다. 제20대 국회가 보다 개혁적인 성향을 띄게 될 가능성이 커진 만큼, 현장의 실정을 가장 잘 아는 교사들이 부지런히 움직인다면 의미 있는 개혁 입법안을 통과시킬 가능성이 커졌다. 일단 현실성 최우선, 합리화·효율화의 내용으로 간다면 큰 논란과 마찰 없이도 의외의 성과를 낼 수 있을 것으로 생각한다. 아래에 필자가 생각해본 과제 몇 가지를 덧붙여 본다.

1. 학력·학벌 차별 금지 법안

각종 입사 원서에 최종학력과 학교명을 적지 못하도록 법제화할 수 있다고 본다. 학령에 따른 호봉 획정은 선발 후에 하면 된다. 학교 이름 같은 고유 명사 없이도 잘 치러지고 있는 현행 입시를 보아 운용에 큰 문제가 없다고 본다. 효과가 단기간에 나타나지는 않겠지만, 장기적으로 교육을 황폐화시키고 있는 학벌 취득을 위한 무모한 경쟁을 줄이는 데 큰 역할을 할 것이다.

2. 누리과정 예산 국비 지원 법안

저출산 문제 해결을 위해 무상보육(누리과정) 자체는 꼭 필요한 일이다. 그러나 그 비용이 현재처럼 시도교육청에 전가되어서는 오히려 교육의 황폐화를 야기할 것이다. 단적으로 현재 경기도 내 전체 학교 운영비보다 누리과정 예산이 많은 실정이다. '교육청'을 '보육청'으로 바꿀 것이 아니라면 속히 누리과정 예산을 국비로 지원하도록 법제화하여 바로잡아야 한다.

3. 국정교과서 금지(및 교육과정 제·개정 절차 정비) 법안

북한 등 몇 개 국가만이 채택하고 있는 국정교과서 제도를 우리나라 헌법 정신인 자유민주주의에 부합하게끔 바꾸어야 하며, 좀 더 나아가 현재 시행령에 위임되어 관료 몇몇이 주무르는 교육과정 제·개정의 절차를 바꾸어야 한다. 핀란드처럼 교육법에 명시하던가 아니면 국가교육위원회 같은 거버넌스 기구에서 최소한의 합의를 거쳐 추진하도록 고칠 필요가 있다.

4. 교원 배치기준 부활 및 교원의 직무 명확화 법안

2018년까지 향후 2년간 서울에서만도 700학급이 사라진다고 한다. 학급당 인원수를 OECD 기준으로 맞출 수 있는 절호의 기회이다. 따라서 MB정부 시절 사라진 교원 배치기준을 보다 진전된 형태로 부활시킬 필요가 있다. 아울러 교사가 교육에 전념할 수 있도록 하는 직무 정상화 조치도 필요하다. 선언적으로라도 비교육 업무 배정 금지를 명시하고, 그 해결 기한을 정해야 한다.

5. 교장공모제 정상화 법안

승진에 목메지 않고 묵묵히 교단을 지켜온 훌륭한 인재들을 활용하기 위해 이미 교장공모제가 법제화되어 있으나 MB정부 이후 시행령으로 평교사들이 교장에 나서는 것을 원천 봉쇄하고 있다. 원 입법 취지를 살릴 수 있도록 할 필요가 있다. 물론 승진제 자체에 대한 개편도 필요하나 기득권의 반발이 워낙 클 터이니 한 박자 늦추어 가는 지혜가 필요하다고 본다.

그 외 교육공무원법(참정권 제한 완화), 교원노조법(노조 자주성 침해 금지), 사립학교법(사학 투명화), 정부조직법(교육부 개혁), 정보공시, 교원평가 등의 정비도 필요하나, 이런 것들은 일반 시민의 이해와 직결되지 않고 보수층의 결집을 불러올 위험이 있으므로 신중한 입장에서 장기적으로 추진해야 할 과제라고 생각한다.

05

따뜻한 교실토론, 어떻게 할까?

—

■ 이영근(군포양정초등학교 교사)

"토론을 왜 하나요?" 하고 묻는다면, 뭐라고 대답할까? "학습효과가 좋아서 토론으로 해요" 하고 말할 수 있다. 맞는 말이다. 토론은 어느 한 주제에 깊게, 넓게 살피게 되어 학습효과가 아주 좋다. 그래서 많은 선생님께서 '토론수업'을 하려 한다. 그런데 초등에서는 '학습을 위한 토론'과 '삶으로서 토론'이 함께 가길 바란다. '삶으로서 토론'을 우리는 '토론교육'이라고 부른다. 토론, 토론수업, 토론교육을 하나씩 살핀다.

1. 토론이란 무엇일까?

"수민아, 오늘은 날씨가 추워. 치마 입지 말고 바지 입어."
"싫어. 나 치마 입을 거야."
"수민아, 주말에 식구끼리 여행 가려는데, 어디로 가면 좋겠니?"
토론과 토의가 일어나는, 우리가 자주 겪는 상황이다.
먼저, 토론을 알아보자. 토론은 서로 생각이 다른 어떤 주제(논제)에 찬성하는 사람과 반대하는 사람이 서로 자기가 옳음을 여러 까닭(근거)

을 들어 주장하는 것이다. 그러며 상대를 설득한다. 이때 서로 자기주장
이 옳음을 내세우다 보니 상대와 불가피하게 경쟁할 수밖에 없다.

토의는 토론과 조금 다르다. 토의는 어느 모임(가정이나 학급)에서 문제
(의제)가 생겼을 때 구성원들(식구나 학생들)이 함께 문제를 풀어가는 과정
이다. 구성원들이 문제의 해결방법을 찾기 위해 함께 이야기 나누는 과
정이다. 해결방법을 찾기 위해서는 자기 고집만 내세워서는 안 되니 서
로 힘을 모으는 협력이 함께해야 한다. 또한, 자기 의견으로 결정되기
위해서는 적절한 자료를 잘 뒷받침해 주장도 펼쳐야 한다. 토의 과정을
거쳐 결정된 결과는 따라야 할 의무도 있다.

토론과 토의는 함께 일어날 때가 많다. 토론에서도 토의는 필요하다.
흔히 토론은 1:1로 개인보다는 편으로 나눠서 한다. 같은 편끼리 토론
준비할 때 토의는 저절로 일어난다. 상대와 토론하는 과정에서도 '작전
시간'을 갖는데, 이때도 토의 상황이다. 토론을 마치면, 토론한 주제로
이야기를 나누는 이 상황도 토의 과정이다. 토의에서도 토론은 일어난
다. 예컨대 현장학습을 갈 때 버스에서 어떻게 앉는 것이 좋을지 토의하

는데, 많은 학생이 친한 친구끼리 함께 앉자고 한다. 이때 친한 친구끼리 앉자와 앉지 말자로 의견이 다를 수 있다. 토론 상황이다. 이렇게 토론과 토의는 따로 일어나기도 하지만 함께 일어날 때가 많다.

2. 논제가 있어야

토론을 하려면 토론할 거리가 있어야 한다. 토론의 주제, 즉 토론할 대상을 논제라 한다. 예를 들어, '짝은 남여로 해야 한다' '초등학생 학원(공부)이 필요하다' '저녁 9시에는 스마트폰을 꺼야 한다'로 논제를 정해

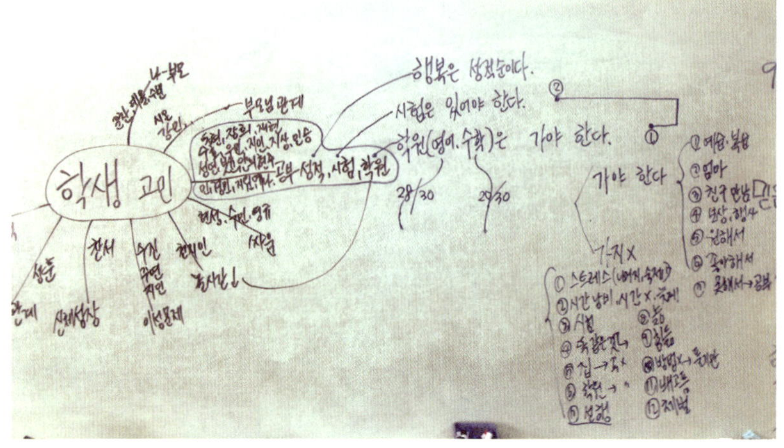

논제 만들기

서 토론할 수 있다.

학교생활, 가정생활에서 토론거리는 참 많다. 학교생활에서 스티커, 상장, 시험으로 토론할 수 있고, 가정생활에서 컴퓨터게임, 텔레비전, 용돈 같은 것도 가능하다. 그 밖에도 사회, 역사, 과학, 정치 따위에서도 토론할 것은 참 많다.

논제는 크게 삶과 상식의 영역에서 찾을 수 있다. 학생들 삶과 관련한 것에는 급식, 스마트폰, 학원, 친구, 과제 따위이며, 상식과 관련해서는 시사상식과 일반상식으로 독도, 통일, 원자력 발전소 따위를 들 수 있다. 토론을 처음 경험하는 초등학생들에게 삶과 상식에서 논제를 구한다면, 어느 영역에서 구하는 것이 좋을까? 이건 학생들에게 묻지 않고 선생님 스스로에게 물어도 쉽게 답을 얻을 수 있다. '내가 토론하기에 급식이 좋은가? 원자력 발전소가 좋은가?' 아마도 급식을 선택하지 싶다. 왜 그럴까? 그렇다. 급식은 경험으로도 충분히 토론할 수 있기 때문

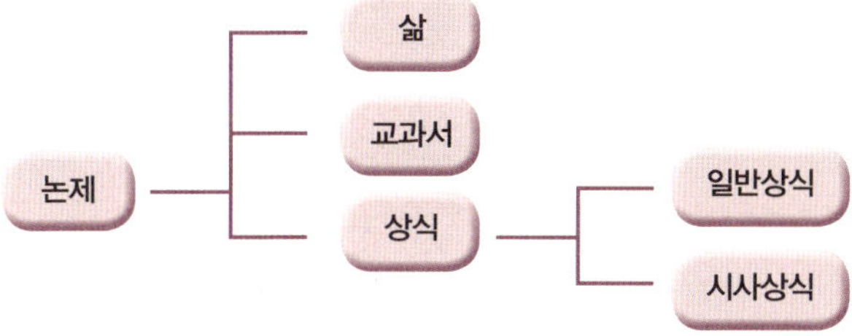

이다. 그래서 초등학교에서는 삶에서 토론하기를 권한다.

교실에서 토론하기 위해 논제를 만들 때 알아야 할 약속이 있다.

첫째, 논제는 찬성과 반대로 명확하게 나뉘게 진술해야 한다. 그래서 논제는 의문형이 아니라 서술형으로 진술한다. 즉 '…이다' '…해야 한다' '…필요하다'는 꼴의 서술형으로 논제를 나타낸다. 스마트폰으로 토론하기 위해 논제를 만든다면, '초등학생에게 스마트폰은 필요하다'로 잡을 수 있다. 의문형으로 '스마트폰을 어떻게 쓸까?'는 토론이 가능한 논제가 아니라, 토의가 가능한 의제이다. 다만, 수렴형 의문형으로 '예', '아니오'로 대답하게끔 진술할 수는 있다. '초등학생에게 스마트폰은 필요하나?' 하고 논제를 삼을 수 있다.

둘째, 논제는 현실과 반대되게 제시한다. 논제는 토론이 일어날 수 있는 시작이다. 즉, 논쟁할 거리를 제공해야 한다. 보통 우리네 삶에서 예를 들어 자녀가 방에서 게임을 하고 있다고 했을 때, 계속하라고 말할 때와 하지 말라고 말할 때 중에서 언제 자녀가 반박할까? 하지 말라고 할 때일 것이다. 게임을 마친 자녀가 거실에서 넋 놓고 있을 때 뭐라고 말하면 반박할까? 책을 읽거나 공부하라고 할 때일 거다. 이렇듯 논제는 하고 있는 것을 하지 말자고 하거나, 하지 않는 것을 하자고 형태로 제시해야 한다. 즉, 논제를 만들 때, 현실과 다르게 삼아야 한다. 다만, 현실과 반대로 한다고 부정문으로 진술하는 것은 조심해야 한다. 부정문으로 진술할 때 학생들이 찬성과 반대를 헷갈려 할 수 있기 때문이다. '초등학생은 학원(공부)에 가지 말아야 한다'보다는 '초등학생은 학원(공부)이 필요하다'로, '원자력 발전소 건설은 중단해야 한다'보다는 건설 예정인 지역을 들어, '○○에 원자력 발전소를 건설해야 한다'로 하는 것이 좋다.

셋째, 찬반으로 적절하게 나뉘는 논제이어야 한다. 흔히 토론은 판정인을 두고 승패를 따진다. 승패를 따지는데, 논제가 어느 한 쪽으로 치우친다면 토론 실력이 아닌 논제로 승패가 나뉠 수 있기 때문이다. 특히, 토론으로 대회를 열 때는 이 점에 유의해야 한다. 다만, 교실에서 교육을 목적으로 하는 토론이라면 찬성과 반대가 적절하게 나눠지지 않아도 괜찮다.

논제가 토론하는 시작인데, 논제 만들기를 어려워하는 선생님이 많다. 이런 선생님들께서는 초등토론교육연구회(http://cafe.daum.net/debateedu)에 있는 논제 게시판을 참고할 수 있다. 연구회 회원들이 함께 만든 논제가 많다.

3. 논제 분석

학생들과 함께할 논제를 정하면 토론 준비가 끝난 것일까? "자, 이 논제로 다음 주에 토론할게요. 준비해 오세요" 하면 학생들이 할 수 있을까? 제 개인 생각으로는 어려움을 겪을 학생이 많을 것 같다. 왜냐하면, 학생들 수준 차이가 많이 나기 때문이다. 어떤 학생들은 논제만 알려줘도 제 나름으로 준비하지만, 대부분 학생은 쉬운 일이 아니다. 어려워하는 학생들을 위해 함께 논제로 이야기 나누는 시간을 갖는데, 이를 논제 분석이라 한다. 모든 토론 때마다 논제 분석을 하는 것은 아니다. 토론을 처음 할 때나 논제가 조금 까다로울 때 하면 좋다.

논제 분석에서는 논제에 있는 여러 개념을 정의하는 것으로 시작한다. 예컨대, '초등학생에게 스마트폰은 필요하다'가 논제라면, '초등학생'과 '스마트폰'이 무엇인지 살펴볼 필요가 있다. 초등학생인 학생들에게 초등학생이 누군지 물으면 웃다가도, 초등학생 때 무엇을 해야 하는지 물으면 생각으로 진지해지기도 한다. '스마트폰'의 개념 정의도 함께 나눈다. 이때 사전적 의미보다는 학생들 나름의 개념을 듣는다. 많은 학생 의견을 들으며, 그 내용을 칠판에 받아서 쓴다.

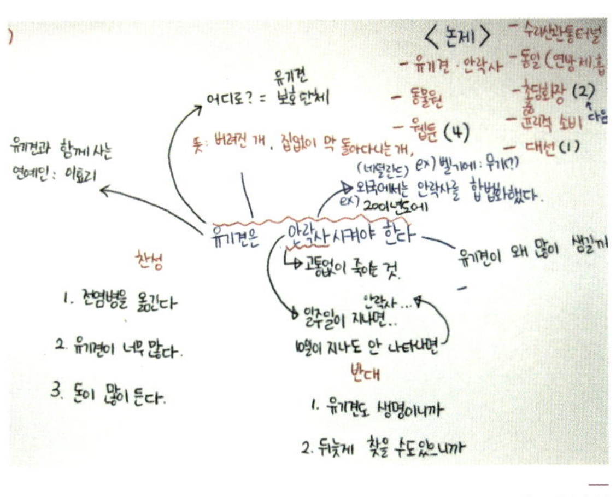

논제 분석

개념 정의에 이어서 찬성과 반대에서 나올 수 있는 근거를 찾는다. 물론 개념 정의하는 과정에서 찬성과 반대에서 나올 이야기가 대부분 나온다. 그렇지만 한 번 더 찬성과 반대에서 나올 근거를 정리해 준다. 이 역시 토론을 처음 경험하고, 토론에 익숙하지 않은 학생들을 위한 배려다. 그럼 학생들은 이 근거에 알맞은 자기 경험을 연결시켜 준비한다.

논제 분석을 학급 전체가 함께하지 않을 때는 모둠에서 하도록 한다. 모둠에서 마인드맵이나 써클맵 같은 방식을 빌어 찬성과 반대에서 나올 근거를 찾는 시간을 가지면 길지 않은 시간의 이야기로도 토론 준비에 큰 도움을 받을 수 있다.

4. 토론의 형식

토론은 스포츠 경기와 같다. 예를 들어 학생들이 피구를 한다고 할 때, 꼭 필요한 것이 있다. 준비물, 규칙, 참가자, 심판 따위이다. 토론도 찬성과 반대 참가자가 있어야 하고, 심판도 있을 수 있다. 아울러 정해진 규칙이 있어야 한다. 토론 규칙을 토론에서는 '토론의 형식'이라고 한다. 토론의 형식에 따라 참여하는 사람 수, 차례가 조금씩 다르다. 그래서 토론을 하려면 토론의 형식을 알아야 한다.

토론의 형식은 아주 다양하다. 우리나라에서 많이 쓰는 학생 대회용 토론에는 크게 다섯 가지 정도 들 수 있다. 모든 형식이 나름의 특징이 있고 장단점이 있다. 사람 수가 다 다르고, 진행 차례도 제각각이다. 토론의 형식을 하나하나 소개하지는 않는다. 토론의 형식은 『초등 따뜻한 교실토론』(에듀니티) 또는 초등토론교육연구회 카페를 참고하기 바란다.

5. 토론의 요소

대회용 토론 형식을 교실에서 그대로 적용하기는 쉽지 않다. 학생 수가 많으니 힘들고, 시간도 너무 많이 걸린다. 그렇다면 토론을 할 수 없는 것인가? 그렇지 않다. 우리 교실 상황에 맞는 토론의 형식을 직접 만들어 할 수 있다. 토론의 형식을 내 나름으로 설계하려면 설계할 재료가 있어야 하는데, 이를 토론의 요소라 한다. 대회용 토론 형식을 따져볼 때 토론의 요소에는 입안, 반박, 교차조사와 교차질의를 들 수 있다.

가. 입안(입론)

보통 토론은 찬성의 입안으로 시작한다. 물론 반대도 입안으로 시작한다. 토론을 하려면 입안을 할 수 있어야 한다. 선생님이 보통 학생들에게 "다음 주에 토론할 터이니 준비해 오세요" 하는 게 입안을 준비하라는 말이다. 그럼 입안은 어떻게 준비해야 할까? 토론은 말로서 논리를 펼치지만, 토론 참가자는 거의 대부분이 입안을 글로 준비한다.

입안을 글로 쓴 입안문은 논설문의 성격을 갖춘다. 즉, 서론-본론-결론으로 구성한다. 서론은 듣는 사람들의 관심을 끄는 역할을 하며, 논제 관련 배경이나 현 상황을 안내한다. 또한, 논제에서 언급된 관련 개념을 정의한다. 본론에서는 내 주장에 알맞은 근거와 관련 자료를 들어 제대로 증명하여, 상대를 설득해야 한다. 결론으로 근거들을 한 번 더 정리하며 닫는다.

> 서론 : 인사, 우리 편 소개, 관심 끌기, 배경, 개념 정의, 주장(찬성, 반대)
>
> 본론 : 근거, 설명 예시 자료(책, 언론 기사, 전문가의 의견)
>
> 결론 : 근거를 정리, 인사

나. 반박(반론)

반박은 상대 입안을 하나씩 부순다. 입안이 집을 짓는 것에 견준다면, 반박은 그 집을 하나하나 다 부수는 몫이다. 토론 대회를 가보면, 입안은 대부분 준비해서 온다. 그런데 반박을 맡은 토론자는 관련 자료를 많이 가져올 뿐, 반박문을 써 올 수 없다. 상대가 주장에 내세우는 근거와 관련 자료를 듣고서 바로 반박을 해야 한다. 실시간으로 해야 하니 토론 대회에서는 토론을 오래 한 학생들이 반박을 많이 맡아서 하는 편이다. 그만큼 반박이 쉽지 않다.

반박도 논설문의 틀을 갖춘다. 서론은 보통 우리 편에 유리한 배경 설명으로 시작한다. 본론은 상대가 내세운 근거와 설명 예시 자료를 하나씩 반박한다. 상대 주장에 대표성이 있는 근거인지, 근거에 설명 예시 자료가 잘 연결이 되는지, 설명 예시 자료는 알맞은 것인지 따진다. 반대를 위한 반대로는 설득력이 떨어지므로 알맞은 자료를 들어가며 반박한다.

다. 교차조사, 교차질의

토론에서 교차조사와 교차질의는 질문하는 시간이다. 토론에서 쓰는 말이라 낯설지만, 교차조사와 교차질의는 성격이 조금 다르다. 교차조사는 한 사람은 질문만 하고, 한 사람은 대답만 한다. 예를 들어, 찬성이 입안을 폈다면, 반대는 그 입안으로 질문하는 교차조사를 한다. 반대의 교차조사에 찬성은 대답한다. 교차질의는 서로 묻고 답하는 형식이다. 한 사람이 먼저 물으면 상대는 대답을 하고서 질문한다. 교차질의는 보통 둘 모두 입안이나 반박을 한 뒤에 한다. 예를 들어, 찬성이 입안을 펴고 이어서 반대도 입안을 편다. 이어서 하는 질문 시간이 교차질의다. 이렇게 서로 묻고 답하기에 치열한 편이다.

라. 교실토론을 위해 필요한 요소

교실토론에서 입안은 찬성과 반대를 모두 준비하도록 한다. 그 까닭은 찬성과 반대를 두루 살펴 논제를 다양하게 살피는 기회를 갖기 위함이다. 또한, 학생들은 아직 자기 생각이 완전하게 자리 잡은 것이 아니기에, 찬성과 반대를 경험하며 자기 생각이 바뀌는 경험도 하기 위함이다. 찬성과 반대를 모두 준비해 경험한 뒤, 토론을 마치며 자기 생각으로 다시 한 번 논제에 대한 자기주장을 정리한다.

참사랑땀 반 교실토론에서는 반박 시간을 두지 않는다. 앞서 살핀 대로 반박은 논리를 갖추면서도 상대 주장을 제대로 꺾어야 한다. 교실토론이 학급 구성원 모두가 참여하는 토론이라면 이 반박 시간을 제대로 할 수 있는 학생이 많지 않을 것 같다. 그래서 과감히 반론을 뺐다.

교실토론에 쓰는 토론 용어를 쉽게 설명한다. 입안(입론)은 '주장'이라고 한다. 그러면 학생들도 쉽게 이해한다. 교차조사와 교차질의는 '질문'이라고 한다. 토론은 주장과 질문으로 이뤄진다고 하면 학생들도 토론을 어렵게 생각하지 않는다.

<u>6. 논증</u>

　토론은 찬성과 반대가 자기주장이 옳음을 내세워 상대를 설득하는 것이다. 이를 토론의 요소로 입안이라고 했다. 보통 대회 토론에서는 입안 시간을 4분에서 6분 정도로 쓴다. 우리 학생들이 이렇게 논리를 갖춘 입안을 4분 남짓 할 수 있을까? 그것도 모든 학생이. 제 경험으로는 힘들다는 판단이다. 그래서 참사랑땀 반에서는 입안(주장)을 1분으로 하고 있다.

　1분 주장이 되기 위해서는 앞서 살핀 논설문의 특징을 갖춘 입안에서 뺄 것은 빼야 한다. 그래서 서론에서는 개념 정의나 배경 설명은 하지 않는다. 논제 분석 시간을 가졌기에 이것을 뺄 수도 있다. 본론에서는 근거와 설명 예시 자료가 하나일 수도 있고 둘셋일 수도 있다. 1분이지만 하나로는 쉽지 않다. 보통 두 개나 세 개는 해야지 1분을 할 수 있다.

　그럼 학생들에게 1분 주장을 어떻게 설명해야 할까? 앞서 보인 논설문 형식을 보이며 빼고 넣고 할 수 있겠지만, 이건 우리 학생들에게는 너무 어려운 설명이다. 이 설명을 도울 수 있는 방법이 논증법이다. 초등에서 해 본 토론 경험으로는 4단 논법이 적당한 것 같다. 4단 논법은 흔히 PREP 논법이라고 한다.

　　가. 주장(Point) : 찬성과 반대가 자기주장을 편다.

　　나. 근거(Reason) : 주장에 알맞은 근거를 댄다.

　　다. 설명 예시 자료(Example) : 자기가 내세우는 근거에 예를 들어 설명한다.

　　라. 주장 정리(Point again) : 다시 한 번 내 주장을 정리한다.

7. 교실토론에 들어가기에 앞서

토론이 참 좋은데, 교실에서 하려니 겁이 덜컹 난다. 교실에서 토론하기에 어려움이 여럿 있다. 먼저, 학생 수가 너무 많다. 서른이나 되는 많은 학생이 모두 즐길 수 있는 토론이 고민이다. 또한, 학생들 수준 차이도 크다. 모두가 함께 성장하는 토론을 하려면 이런 학생들 수준 차이도 극복해야 한다. 토론을 진행하려는 선생님들께서 토론 자체에 느끼는 부담감도 크다. 토론을 잘 모른다는 불안감과 토론으로 하는 수업을 경험한 적이 없는 까닭이 크다. 앞서 설명한 것으로 토론을 어느 정도 알게 되었으리라 생각한다. 이 정도만 알아도 이런 어려움을 극복하며 교실토론을 충분히 할 수 있다.

8. 교실토론

가. 짝 토론

아주 쉽게 할 수 있는 토론 형식이다. 늘 앉아 있는 짝과 토론한다. 짝 토론은 짝과 마주 보고 앉아 찬성과 반대로 나눠서 정해진 차례에 맞게 진행하면 된다. 4인 모둠이라면, 옆에 있는 짝과 한 번, 뒤에 있는 모둠원을 짝으로 한 번, 대각선에 있는 모둠원과 짝으로 한 번, 모두 세 번을 할 수 있다.

짝 토론은 학급이 모두 함께 이뤄진다. 그래서 특별한 진행자는 없지만, 선생님이 토론 절차와 시간을 안내한다. 시간은 컴퓨터로 켜 둬 학

짝 토론

생들이 자기 발표를 조절할 수 있도록 하는 것이 좋다.

짝 토론은 입안(입론, 주장)과 교차질의(질문)로 구성하면, 4분에 마칠 수 있다. 교차조사(질문)로 해도, 6분이면 토론을 마친다. 그러니 짝 토론은 짝을 바꿔가며 여러 번 토론할 수 있다. 그러기 위해 회전목마토론을 쓰기도 한다.

짝 토론은 학급 구성원이 모두 함께하기에 소리가 크다. 그래서 찬성과 반대 사이가 가까운 것이 좋기에, 책상 하나만 사이에 두고 하기도 한다. 많은 학생이 함께하기에 시끄러워서 토론이 힘들 것 같지만, 학생들은 시끄러우면 상대에게 더 집중한다.

찬성	반대
주장(1)	
	질문(2)
	주장(1)
질문(2)	

찬성	반대
주장(1)	
	주장(1)
질문(2)	

나. 2:2 토론

2:2 토론은 4인 모둠에서 쉽게 할 수 있다. 찬성과 반대를 둘씩 한 편이 되게 나눈다. 이렇게 나눌 때 수준 차이를 고려해서 토론이 치열하도록 한다. 찬성과 반대 둘은 1, 2토론자로 나눠서 진행한다. 시간은 10분 안팎 정도 걸린다.

2:2 토론은 혼자가 아닌 둘이 하는 토론이다. 혼자보다 둘이 더 좋은 것을 경험하게 하기 위해 함께 준비하도록 한다. 토론 과정에서도 작전 시간을 주면 훨씬 더 치열한 토론이 일어난다. 2:2 토론은 모둠 안에서 둘씩 나눠서 할 수도 있고, 조금 더 활기차게 하도록 다른 모둠과 할 수도 있다. 둘씩 나눠 다른 모둠 둘과 만나 토론할 수도 있다.

2:2 토론

　서로 묻고 답하기는 '전원교차질의'로 하는데, 이를 학생들을 위해 '다 같이 질문'이라고 한다. '다같이 질문'은 주장을 펴지 않은 토론자도 질문과 대답에 참여할 수 있다. 넷이 함께 묻고 답할 수 있기에 끊어지지 않고 토론을 이어갈 수 있다.

찬성	반대
주장 – 1토론자(1)	주장 – 1토론자(1)
작전시간(1)	
다같이 질문(2)	
주장 – 2토론자(1)	주장 – 2토론자(1)
작전시간(1)	
다같이 질문(2)	

다. 학급 전체 토론

학급 모두가 함께 토론한다. 학생 모두가 찬성과 반대를 준비했기에 학생들을 임의로 반으로 나눠서 토론할 수 있다. 모두가 함께하는 토론이기에 찬성과 반대가 서로 이기기 위해 날 선 공방을 벌이기도 하는데, 승패보다는 교육이 목적이기에 승패를 굳이 따지지 않아도 좋다. 승패를 따지지 않아도 토론이 갖는 특징상 자기편을 위해 최선을 다한다.

토론 진행 과정은 찬성이 주장을 펴고 반대가 질문하며, 반대가 주장하고 찬성이 질문하는 앞서 살핀 교차조사 짝 토론과 형식이 같다. 다른 점은 질문 시간에 모두가 참여할 수 있다는 점이다. 상대 주장에 아무나 질문이 가능하며, 그 질문에 대답도 아무나 가능하다. 많은 학생이 하려고 할 때, 누가 묻고 누가 답할지 알려줄 필요가 있다. 그러기 위해 진행

전체 토론

자가 필요하며 초등에서는 주로 담임교사가 하는 것이 좋다.

　학급 전체 토론을 하면 늘 참여하는 학생들만 참여한다고 걱정하는 선생님이 많다. 실제 토론해보면 참여하지 않는 학생이 많은 게 사실이다. 그런데 전체 토론에 많은 학생이 참여하길 바라는 건 교육자로서 옳지만, 학생들 처지에서는 참 어려운 일이다. 용기가 있어야 하고, 그러려면 여러 기회가 주어져야 한다. 또한, 실제 전체 토론을 진행해보면 참여하지 않는 학생들도 다른 참가자들 주장이나 질문에는 집중하는 모습을 흔히 볼 수 있다. 자주 하다 보면 그 수가 늘어갈 것이다. 그래도 마음이 불편하다면, 앞에서 살핀 짝 토론을 자주 하면서 모두가 토론에 참여하도록 하는 것을 권한다.

	찬성	반대
첫 판	제1주장	
		다같이 질문
		제1주장
	다같이 질문	
둘째 판	제2주장	
		다같이 질문
		제2주장
	다같이 질문	
	세 판 이상 필요시 앞판과 같은 진행	

9. 토론교육

    토론수업으로 학생들 논리만 쌓고 말기에는 뭔가 아쉽다. 초등학생임을 감안해 논제를 일반상식이 아닌 학생들 삶에서 찾기 때문이다. 이렇게 자기 삶에서 정한 논제로 깊고 넓게 살폈는데 단지 토론만 하고서 끝내고 싶지 않다. 그 논제가 학생들 생각이나 삶에 그리고 우리 반 삶에도 영향을 미쳤으면 한다.

    토론수업에서 한 걸음 더 내딛는 것을 '토론교육'이라 하고 있다. 그렇다고 토론교육이 복잡하거나 어렵지 않다. 토론수업을 마치며, 논제로 이야기 나누는 시간을 잠시 갖기만 해도 된다. 예를 든다면, 급식으로 토론했다면 '우리 반은 급식을 어떻게 먹을까?' 하고 이야기 나누거나 '우리 반이 원하는 식단표를 만들어 급식실에 보내기' 또는 '급식실에 일하시는 분들에게 고마운 마음 전하기'도 가능하다.

> **우리 반 '스마트폰 잠재우기 운동'**
>
> '초등학생 스마트폰 사용'으로 토론하고서는 '스마트폰은 어떻게 쓰는 것이 좋을까?'로 이야기 나눴다. 그랬더니 많은 학생이 '시간을 정해서' 쓰는 것이 좋다고 한다. 시간은 언제가 적당한지 물으니 학생들은 저녁 9시 이후에는 쓰지 않아야 한다고 말한다. 학생들 말을 가져와 우리 반은 '스마트폰 잠재우기 운동'으로 저녁 9시부터 다음 날 아침 8시까지 스마트폰을 꺼둔다. 가정통신문으로 학부모와 학생들 서명을 받아, 날마다 하고 있다. 토론과 나눈 이야기로 학생들 삶이 바뀌었다.

10. 토론 문화

　토론수업을 하기에 앞서 교실을 토론 문화가 싹트게 해야 한다. 그 시작은 '말할 수 있고 들으려는 학급 분위기'이다. 자기 생각을 말할 수 있는 학급 분위기, 다른 사람의 말을 소중하게 들어주는 학급 분위기가 밑바탕에 있어야 한다. 이런 학급 분위기는 토론만 한다고 되는 것은 아니지 싶다. 하루하루 삶에서 살려내야 한다.

> - 아침에 하고픈 말을 이끄는 한 줄 쓰기 '글똥누기'
> - 힘들고 슬프고 억울하고 속상하고 화난 이야기를 담을 수 있는 '일기'
> - 주말에 있었던 이야기를 말하고 친구 이야기를 듣는 '주말 이야기'
> - 자기들 문제를 스스로 해결하는 '또래중재'

　이런 학급 분위기를 위한 노력으로 학급어린이회의를 들고 싶다. 학급어린이회의는 학급에서 일어나는 모든 일을 드러내고 이야기 나눌 수 있는 시간이다. 한 주 동안 우리 반에서 좋았던 점, 아쉬웠던 점, 바라는 점을 고스란히 드러낼 수 있다. 이렇게 나온 의견에서 한두 가지를 주제로 정해 깊이 있는 토의가 이루어진다. 이렇게 이야기 나눈 것은 우리 학급의 약속으로 힘을 갖는다. 아울러 많은 학생이 함께 지내니 생기는 문제는 선생님이 다 해결하기보다 스스로 풀도록 맡겼으면 한다. 마지막으로 학급에서 무엇을 결정할 때(현장학습 버스 짝, 우리 반 모둠의 역할, 학교 행사 때 우리 반 대표 정하기 따위) 학생들과 함께 정했으면 한다. '스스로 문제해결, 의사결정' 하며 성장하는 아이들 모습을 볼 수 있다.

참사랑땀 반에서 학급 회의를 진행하는 방법을 소개한다.

✱여는 말✱

"지금부터 ○○반 학급어린이회의(학급 특색에 맞게 이름–다모임 따위)를 시작하겠습니다."

✱우리 반 돌아보기 – 좋은 점, 아쉬운 점, 바라는 점✱

1. 의견 받기

"지난 한 주 동안 우리 반에서 좋은 점과 아쉬운 점을 말씀해주시거나 학급이나 학교에 바라는 점을 말씀해주시기 바랍니다."(준비할 시간을 줘도 좋다. "그럼 발표 준비시간을 1분 드리겠습니다.")

"의견이 있는 분은, 손을 들고 말씀해주시기 바랍니다."

– 좋은 점, 아쉬운 점, 바라는 점을 자유롭게 말할 수 있다(부회장은 칠판에 좋은 점, 아쉬운 점, 바라는 점을 영역으로 나눠 쓴다).

좋은 점	아쉬운 점	바라는 점
	위험한 장난을 친다.	

– 학생이 처음 발표할 때는 다른 친구들이 질문이나 반론을 하지 않는다(학생들 의견을 간단하게 칠판에 쭉 쓴다).

2. 이야기 나누기

"더 이상 의견 없습니까? 그럼 지금까지 나온 것에서 이야기 나눌 주제를 정하겠습니다."

– 의견으로 나온 것에서 학생들 추천으로 하나를 선정한다(3∼5개 추천 후 다수결).

– 의견으로 나온 것에서 담임이 하나 선정한다.

"선정한 두 가지로 이야기 나누겠습니다. 먼저, 학생들이 추천한 ○○으로 이야기하겠습니다."

– 의견 낸 학생이 상황 설명(다른 학생이 상황 설명을 덧붙일 수 있음)

– 반론이나 질문(의견 낸 학생 의견과 다르거나 궁금한 점 질문)

– 해결방법 정하기

"이어서 선생님이 정한 ○○으로 이야기하겠습니다."(진행방법 동일)

✱선생님 말씀✱

"다음은 선생님 말씀이 있겠습니다."

학생들이 낸 의견에서 꼭 필요한 의견을 덧붙인다.

✱닫는 말✱

"이것으로 ○○반 학급어린이회를 마치겠습니다."

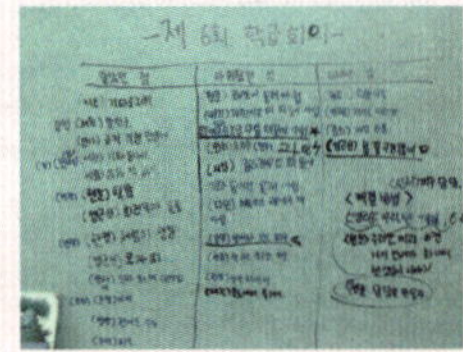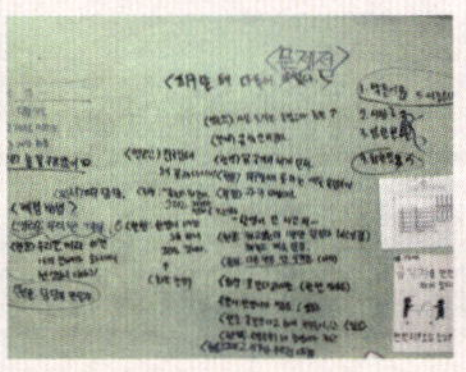

'토론이 뭔지 잘 모르겠다.'

'토론수업을 받아 본 적이 없다.'

토론 이야기를 나누려 선생님들을 만나면 선생님들께서 공통으로 하시는 말씀이다. 짧은 글이지만 도움을 드리고 싶었다. 그래서 토론과 토의 개념부터 시작했다. 다시 한 번 정리하면 토론은 갈등해결, 토의는 문제해결에 좋다. 토론수업을 받아 본 적이 없기에 토론수업을 계획하기가 어렵다고들 한다. 교실토론은 주장과 질문으로 쉽게 설계할 수 있다. 토론을 하려면 논제가 있어야 하고, 수준 차이가 있고 토론을 해 본 적이 없는 학생들을 위해 논제 분석도 같이한다. 주장을 어떻게 펼지 어려워하는 학생을 위해 4단 논법으로 준비하도록 도울 수 있다.

"토론을 왜 해요?" 하고 물으면, 할 수 있는 대답이 참 많다. 그 가운데 저는 "학생들이 재미있어합니다" 하는 말을 가장 먼저 한다. 정말 토론을 학생들이 좋아한다. 물론 모두가 그렇지 않을 수는 있지만, 많은 학생이 좋아한다.

토론을 하며 바라는 점도 있다. 우리 학생들이 토론을 하며, 근거를 들어 자기주장을 펴는 당당한 어린이이길 바란다. 아울러 앞으로 10년, 20년 뒤 우리 학생들이 살아가는 세상에는 합리와 이성이 지배하는, 토론이 살아 있는 세상이길 바란다. 이런 준비를 위한 시작이 지금 이 순간, 내 삶, 내 교실이기에 토론을 하고 있다.

06

詩로 이야기하는
학교의 인권

■ 김현진(강원대학교사범대학 부설고등학교 교사)

사람들 사이에 섬이 있다.
그 섬에 가고 싶다.

정현종 시인의 이름난 시 '섬'입니다. 비록 두 줄이 전부이지만, 압축적인 내용이 강렬한 메시지를 던져줍니다. 섬을 바라보고 멈칫하는 사람도 보이고, 이미 섬에 가서 북적대며 삶을 살아내는 사람도 보이고, 사람 사이에 있지만 그 안에 또 다른 고립된 섬처럼 둥둥 떠 있는 사람도 보입니다. 그저 우리네 삶에서도 얼마든지 볼 수 있는 모습을 단지 비유적으로 표현했을 뿐이지만 많은 생각을 하게 하는 매력적인 시입니다.

학교 안에는 여러 개의 섬이 있습니다. 사람 섬도 있고, 교실 섬도 있고, 그리고 가장 중요한 사람과 사람이 맺는 관계의 섬도 있습니다. 그런데 이 많은 학교 안의 섬 중에서 교사나 학생이 가장 행복하다고 느끼게 하는 섬은 아마도 사람과 사람이 맺는 관계의 섬일 것입니다. 비단 이것이 학교에만 해당하는 이야기는 아니겠지만, 지금부터 제가 하려는 이야기가 학교 안의 것이기 때문에 여러분이 이 글을 읽는 시간만큼은 기억 속의 학교와 지금의 학교를 떠올려 주시기 바랍니다.

나는 어떻게 교사가 되었을까

저는 1995년도에 대학 신입생이 되었습니다. 소위 말해서 수능시험 두 번째 세대입니다. 대학 진학을 고민할 때, 단 한 번도 사범대학에 가겠다는 생각을 해 본 적이 없었습니다. 왜 그랬는지는 모르겠습니다. 안 좋은 기억으로 남은 선생님이 있던 것도 아니었고 학교생활이 지루하고 무서웠던 것도 아닌데, '나는 이다음에 훌륭한 교사가 돼야지'라는 사명감을 단 한 번도 가져본 적이 없었습니다.

그러다가 모의고사가 아닌 수능 시험을 평소보다 '죽을 쑤어'서 제게는 학과를 선택할 기회조차 주어지지 않았습니다. 그저, 점수에 맞춰 일단 대학에 가는 것이 급선무였습니다. 결국, 현실과 이상의 충돌에서 저는 현실에 무릎을 꿇었고, 엄마의 기대에 맞추어 사범대학 국어교육과에 입학하게 되었지요.

대학 생활은? 물론 재미있지 않았습니다. 흥미가 없으니, 학점도 바닥이었고 또 사범대에 온 친구들은 왜 그리 공부도 잘하고 하나같이 모범생인지 적응하기가 쉽지 않았죠. 도서관에 가서 이 책 저 책을 기웃거리거나 잔디밭에 누워 하늘을 보는 등, 지금 내가 나의 모습을 제삼자의 처지에서 본다면 참 쑥스러울 것 같습니다.

그럭저럭 3학년까지 다니다가 4학년이 되어 사범대를 졸업하기 위한 필수 과정인 교육실습을 하기 위해 모 여고로 가게 되었습니다. 고등학교 2학년 여학생들과 만난 5주간의 교육실습은 제게 새로운 세계였습니다. 마냥 즐거웠고, 마냥 신났습니다. 그렇게 5주간의 교육실습을 마친 후, 그제야 저는 '교사가 되고 싶다'는 꿈을 가지게 되었고 3번의 도전

끝에 마침내 교사가 되었습니다.

국어 교사가 되다

저는 올해 교사가 된 지 16년째입니다. 십 년이면 강산도 바뀐다는데, 한번 하고도 반이 더 바뀐 시간입니다. 그동안 많은 학생을 만났고 많은 교사도 만났죠. 교사들이야 그렇다 치고 제가 만났던 많은 학생은 지금쯤 어디에서 어떤 사람이 되어 살고 있을까 하는 생각을 가끔 해 봅니다. 혹시 나는 그들에게 이렇게 하지는 않았는가? 하면서 말입니다.

서시 _ 나희덕

단 한 사람의 가슴도

제대로 지피지 못했으면서

무성한 연기만 내고 있는

내 마음의 군불이여

꺼지려면 아직 멀었느냐

학교는 만남과 만남이 거미줄처럼 얽히는 교육의 공간입니다. 1대 1로 교육이 이루어지는 공간이 아니라 1대 1의 만남 여러 개가 쌓이고 모이는 교육의 공간입니다. 그래서 쉽지 않은 공간이지요. 나와 너만 있다면 조금 수월하겠지만, 여러 쌍의 '나와 너'가 있고, 그 '나와 너'들도 관계를 맺으니 얼마나 어렵겠습니까?

부끄럽지만, 제가 이런 것을 깨닫게 된 것은 불과 3~4년 정도밖에 되지 않았습니다. 그 전에 저는 어떤 교사였냐면, 교무실에 있다가 복도에 나가면 제가 지나갈 때 남학생들은 얼음이 되어 저를 쳐다보는 그런 교사였습니다. 약한 친구를 괴롭히는 학생을 몽둥이로 때리면서 '너 같은 나쁜 놈은 맞아야 해'라는 말도 안 되는 짓을 하는 교사였습니다.

그러다가 10년 차 되던 해에 발령받은 학교에서 저는 아주 제대로 센 녀석들을 만났습니다. 그 녀석들은 1학년 때부터 '돌봄 학교'라는 허울 좋은 연구학교인 그 학교에서 제대로 망가진 학생들이었습니다. 그중 가장 센 녀석은 첫날부터 소위 저를 '간 보기' 시작했고 결국 저는 폭발하고 말았죠.

학생들은 또래 중에서 센 녀석이 있으면 교사의 말을 듣지 않고 그 녀석의 말을 듣습니다. 게다가 교사가 그 센 녀석에게 기 싸움에서 밀리면 그야말로 게임은 끝입니다. 그것이 그들이 교실에서 살아가는 한 가지 방법입니다. 그 상황에서 교사는 배제되고, 뭉치면 괴력을 발휘하는 그 녀석들에게 맹공을 당하다 지쳐 나가 쓰러지는 일이 비일비재하죠. 그걸 견디면 '능력 있는 교사'가 되고, 못 견디면 '무능한 교사'가 되고 마는. 그것이 교사 개인의 문제가 아님에도 모든 것이 교사의 문제로 환원되고 마는 학교의 쓸쓸한 일상이 되풀이되고 있습니다.

폭발 이후, 그 녀석은 작정하고 문제를 일으키기 시작했습니다. 가장 많이 한 일이 약한 친구를 괴롭히는 것이었는데, 어느 날 이 녀석은 약한 친구를 제대로 괴롭혔고 결국 부모님이 학교에 와야 하는 상황에까지 이르렀습니다. 그런데 한 가지 특이한 것이 그 녀석이 아버지를 매우 무서워한다는 것이었습니다. 아버지가 학교에 오는 것을 매우 두려워했는데, 부모님이 학교에 오신 그 날, 그 녀석은 하교 후에 아버지에게 엄청난 매를 맞았고 당시까지도 여전히 매를 휘두르는 교사였던 저는 그 녀석이 아버지에게 맞은 것을 모르고 다음 날 또 말썽을 피운 그 녀석을 혼냈습니다. 그런데 녀석의 걸음걸이가 이상해서 불러서 물어보니 입을 굳게 닫고 있는 것입니다.

"너 걷는 게 왜 그래?"

"……."

"걷는 게 왜 그러냐고?"

순간 이상한 기운이 감돌았습니다. 저는 녀석을 데리고 보건실로 가서 다시 물었습니다. 순간, 녀석이 바지를 내리며 자기 다리를 보여주는데, 저는 깜짝 놀랐습니다. 허벅지 뒷부분이 시커멓게 멍이 들어있던 것이었습니다.

"이게 뭐야? 또 싸웠냐?"

"어제 저 때문에 아빠를 학교에 오게 했다고 집에서 맞았어요."

순간, 저는 녀석을 와락 껴안았습니다. 왜 그랬는지는 잘 모르겠지만, 미안함과 죄책감 그리고 여러 가지 마음 때문이었던 것 같습니다. 그런데 이 녀석 몸이 나무토막처럼 굳는 겁니다. 아, 그때의 그 느낌은 지금도 생생합니다. 내가 자신을 때리려 한 것도 아닌데 누군가와의 스킨십으로 몸이 나무토막처럼 굳어지던 그 녀석. 지금은 어딘가에서 군 복무를 하고 있는 그 녀석. 그 이후, 저는 몽둥이를 버리고 동시에 제가 갖고 있던 학생들을 보는 인식의 틀을 재건축했습니다. 그 통로가 바로 '인권'이었습니다.

학교에서 우리는 이렇게 만납니다

방문객 _ 정현종

사람이 온다는 건

실은 어마어마한 일이다

그는

그의 과거와

현재와

그리고

그의 미래와 함께 오기 때문이다

한 사람의 일생이 오기 때문이다

부서지기 쉬운

그래서 부서지기도 했을

마음이 오는 것이다. – 그 갈피를

아마 바람은 더듬어 볼 수 있을

마음

내 마음이 그런 바람을 흉내낸다면

필경 환대가 될 것이다

제 글을 읽고 있는 여러분과 저도 이렇게 만났습니다. 저의 과거와 현재 그리고 미래로 저는 여러분에게 제 삶을 전하고 있는 것입니다. 여러분도 여러분의 과거와 현재 그리고 미래로 제 삶을 읽고 계시죠?

학교에서도 마찬가지입니다. 3월에 학생을 만나는 교사는 자신의 과거와 현재 그리고 미래를 가지고 온 학생을 두근거리는 마음으로 만납니다. 두근거림과 동시에 두려움을 갖고 들어가는 3월 2일의 교실. 우리는 동료 교사와 많은 이야기를 하고 들어가죠. 3월 한 달 동안은 웃으면 안 된다, 3월에 잡아야 일 년이 편하다, 3월에 학급규칙을 잘 세워야 학급이 잘 운영된다, △△는 작년에 이랬다더라, 하는 등의 정보를 가지고 3월 2일을 맞이합니다. 여기서 고민해 봐야 하는 것이 '저 정보에 대한 해석은 누가 하는 것인가?'입니다.

3월 2일이 되기 전에, 교사가 학생들의 이야기를 미리 듣고 담임교사로 교실에 들어가는 것은 불가능한 일입니다. 학생들도 마찬가지로 새로운 담임교사에 대한 이야기를 미리 듣고 새 학년을 맞이하는 경우는 극히 드물죠. 3월 2일이 되어야 담임교사가 누구인지를 알게 되고 새로운 반에 배정받고, 담임교사를 만나게 되는 것이 학생들의 상황입니다.

우리는 매우 오랫동안 이렇게 해 왔기 때문에 그 누구도 이 시스템에 의문을 갖지 않죠. 제가 이야기하려는 것은 이러한 시스템의 좋고 나쁨에 대한 것이 아니라, 학교에서 과연 학생이 스스로 무엇인가를 하게끔 하는 것이 있는가 하는 것입니다. 30여 명이 자신의 삶과 이야기를 가지고 새날, 새 담임선생님을 맞이하려고 앉아 있는데 우리가 나누는 학생들에 대한 '사전 정보'가 다소 누추한 것이 아닌가 하는 문제를 제기하는 것입니다. 결국, 새 학년 첫날부터 교사들이 나누는 정보 대부분은 한 사람의 과거와 현재와 미래가 아닌, 교사 입장에서 효율적이고 편리하게 학급을 '관리 및 경영'하기 위한 주변 정보인 것입니다. 어디서부터, 언제부터 우리는 이렇게 3월 한 달을 웃으면 안 되는 교사였을까요?

교사는 이런 일을 하는 존재입니다

어떤 경우 _ 이문재

어떤 경우에는
내가 이 세상 앞에서
그저 한 사람에 불과하지만

어떤 경우에는
내가 어느 한 사람에게
세상 전부가 될 때가 있다.

어떤 경우에도
우리는 한 사람이고
한 세상이다.

그래서 교사가 하는 일은 쉽지 않습니다. 교사와 학생의 삶이 만나 이루어지는 관계로부터 학교의 교육활동이 시작되기 때문입니다. 교사와 학생이 수업이나 그 밖에 학교에서 만나는 모든 것은 그들의 삶이 맞닥뜨리는 지점이 되기 때문입니다. 그래서 철저히 준비하고 계획한 수업에서도 돌발 상황이 생기는 것이고, 교사는 최대한 그 돌발 상황을 줄이기 위해 부단히 배우고 그것을 바탕으로 가르치는 존재이지요.

수업 중에 무심코 한 이야기가 어떤 학생의 미래를 바꾸는 경우도 있고, 일상적으로 건넨 격려의 한 마디가 어떤 학생의 삶을 송두리째 흔들어 놓을 수도 있습니다. 이렇게 생각하고 보니, 교사라는 직업이 참 만만하지 않은 것임이 틀림없습니다. 문제는 교사가 되어 교단에 서기 전에 이렇게 어마어마한 우리의 앞날을 잘 예측하지 못한다는 것이죠. 솔직히, 이렇게 어마어마한 일인 줄 알았다면, 5주간의 교육실습이 그렇게 재미있었어도 교사가 돼야겠다는 뒤늦은 다짐을 바꿨을지도 모릅니다.

사실, 교사가 된 것을 가끔 후회도 합니다. '내가 왜 이 조무래기들하고 감정 싸움을 하고 있지?'라고 말입니다. 무슨 거창한 사명감이 있는 것도 아니고 또 최고의 교사라고 텔레비전에 출연하는 것도 아니고, 나는 왜 계속 교사로서 16년을 살았고, 지금도 살고 있는가? 나는 학생들에게 어떤 교사이고, 학생들은 나에게 무엇인가? 라는 어쩌면 교사로서 사는 것이 끝나는 날까지 얻을 수 없을지 모를 답을 찾아 지금도 좌충우돌하고 고군분투하고 있습니다.

다시, 제자리로 - 인권친화적인 교사로 살아가기

숲 _ 정희성

숲에 가보니 나무들은

제 가끔 서 있더군

제 가끔 서 있어도 나무들은

숲이었어

숲에는 인간이 의도적으로 똑같은 종류의 나무를 심지 않는 이상, 종류가 다양한, 심지어 이름도 모르는 나무로 가득 차있습니다. 참나무, 소나무, 전나무, 잣나무, 단풍나무, 자작나무 등등 다양한 종류의 나무가 있죠. 그 나무들이 언제부터 거기서 싹을 틔우고 큰 나무로 자라기 시작했는지 아무도 모릅니다. 우리가 숲이 있음을 알았을 때, 아니 그 전부터 이미 거기에 있었던 것이죠. 다양한 나무로 가득 찬 숲을 향해 누구도 똑같은 나무들만 서 있으라고 요구하지 않습니다. 나무들은 처음부터 그렇게 거기에 있었으니까요. 아무도 종류가 다른 나무들 때문에 바람이 시원하지 않다고 트집 잡지 않으며, 그 나무들의 키가 다르다고 똑같은 길이로 베어내려 하지 않습니다.

학교도 숲입니다. 다양한 나무로 가득한 숲처럼 서로 다른 학생들이 다니고 있죠. 그러나 학교라는 숲은 자연의 숲과 매우 큰 차이점이 있어요. 그것은 바로 다양한 나무(학생)들을 자기 모습대로 자라게 두지 않는다는 것입니다. 아무리 수요자 중심 교육과정이네, 꿈과 끼를 키워주는 교육이네라고 해도 결국 학교가 혹은 어른들이 바라는 나무로 자라도록 길러내려 하고 심지어 강요하기도 합니다. 교과교육도 그렇고 교과이외의 교육도 그렇지요. 심지어 학생들의 삶 또는 생활도 '교칙'이라는 이름 아래 똑같은 형태로 만들려고 합니다. 좀 식상한 이야기이지만 복장, 두발, 심지어 학생의 생각까지도 학교에서 정한 대로 하기를 원하며 그렇게 하지 않을 경우 '벌점'을 부과합니다. 문제는 이러한 것들을 '지도'하는 과정에서 교육활동에 가장 중요한 교사와 학생의 관계가 흔들릴 가능성이 크다는 것이죠(이 얘기가 학생들의 생활교육을 포기하자는 뜻은 아닙니다).

우리나라에 근대 학교가 생겼을 때부터 시작된 학교의 학생 통제는 100년 정도가 지난 지금까지 여전히 유지되고 있습니다. 모든 통제는 학생은 미성숙하다는 전제 아래, 그들을 지도의 대상으로 여기고 이루어지고 있죠. 결과적으로 이러한 강압적인 통제는 이제 과거와는 많이 달라진 오늘날의 학생들에게 통하지 않는다는 것이며, 이러한 변화를 '학교'는 아직 잘 모르고 있다는 것이죠. 학교는 언제쯤, 이러한 변화를 알게 될까요?

영화감독으로도 유명한 유하 시인의 작품 중에 '학교에서 배운 것'이라는 시가 있습니다. 저는 개인적으로 학교라는 공간을 희망이 없는 극단적인 곳으로 보는 시선과 태도에 큰 반감이 있습니다. 그런데 이 시에서 가장 저의 눈을 끄는 부분이 있습니다.

그런 많은 법들 앞에 내 상상력을
최대한 굴복시키는 법

매 맞고 침묵하거나 시기와 질투를 키우는 법 등 시에서 말하는 다른 부분은 학교만이 아니라 우리 사회에도 만연해 있지만, '그런 많은 법들 앞에 내 상상력을 / 최대한 굴복시키는 법'을 가장 많이 배우는 곳은 학교이기 때문입니다.

학교의 교육활동이, 수업이 학생들의 상상력을 굴복시키는 것일까요? 조심스레 말해보지만, 학생들의 상상력을 굴복시키는 가장 중요한 이유는 학생을 바라보는 교사의 시선입니다. 통제와 지도, 교사가 정해놓은 매뉴얼대로 그리고 학교에서 옳은 것이라고 이름 붙인 것들을 따라야 하는 '대상'으로 학생을 바라보는 데서 출발하는 교사와 학생의 관계는 학생들이 스스로 상상력을 굴복시키게 하는 중요하고도 나쁜 이유 중의 하나입니다. 어떠한 가치관이 옳다고 정해놓고 일방적으로 가르치는 것은 자칫 전체주의로 갈 위험이 있습니다. 학교는 일사불란하고 정적인 곳이 아니라 늘 소란하고 역동적이고 조금 실패해도 괜찮다고 말해주는 곳이어야 한다고 생각합니다. 입시 위주의, 서열화 교육의 폐해가 학교를 반인권적인 공간이 되게 한 것이 아니라 학생 개개인을 '존엄한 인간'이 아닌, 학교의 구성원으로 보는 시선과 태도가 학교를 반인권적 공간으로 머무르게 하는 것입니다. 그 시선과 태도를 바꾸지 않는 한 학생들은 학교에서 '상상력을 굴복시키는 것'을 배우게 될 것입니다.

'상상력'은 의도적인 가르침에서 배우는 것이 아닙니다. 여러분은 '상상력'을 배운 적이 있습니까? 상상력을 가르칠 수 있다면 저도 얼마든지 그 방법을 배우겠습니다. 마찬가지로, 학교에서 이루어지는 교과 수업 시간에 오히려 의도하지 않은 것들을 아이들은 기억하는 경우가 더 많습니다. 도덕적 가치, 상상력, 공감하는 능력 등 학교에서 배워야 하는 매우 중요한 것들은 오히려 교사와 학생, 학생과 학생의 관계 속에서 배우게 되는 경우가 더 많습니다. 이러한 관계가 수업 시간에 이루어져야 하는 것은 당연하고, 수업 이외의 시간에도 맺어져야 합니다.

학교가 인권친화적인 공간이어야 하는 이유는 그저 막연하게 '너는 소중하니까'라는 원론적인 전제를 넘어서, 그야말로 교육과정에서 요구하는 창의적인 민주시민을 키우는 데 학교가 매우 중요한 실천의 공간이기 때문입니다. 그런데 이러한 실천은 교사 혼자서만 변한다고 해서 완성되지 않습니다. 교사 혼자서는 도저히 할 수 없는 일입니다. 학교와 학교 밖 사회가 인권친화적인, 어쩌면 인권이라는 말을 더 이상 사용해도 되지 않을 만큼 성숙해져야 완전해지겠죠? 조금 서글퍼지네요. 그래도 조금은 식상하지만 루쉰의 말이 떠오르는 것은 어쩔 수 없습니다.

> 희망이란 본래 있다고도 할 수 없고 없다고도 할 수 없다. 그것은 마치 땅 위의 길과 같은 것이다. 본래 땅 위에는 길이 없었다. 걸어가는 사람이 많아지면 그것이 곧 길이 되는 것이다.
>
> – 루쉰의 '고향' 중에서

학생을 있는 그대로 봐 주세요

학교는 실패 경험을 배워야 하는 곳입니다. 무슨 말이냐고요? 실패를 부정하는 것이 아니라, 실패를 잘 딛고 다시 튀어 오르는 힘을 쌓는 것을 배워야 한다는 뜻입니다. 우리는 실패를 인정하는 것에 익숙하지 않습니다. 심지어 실패를 악(惡)으로 여기기도 합니다. 실패할 수 있는 건데, 실패하면 안 된다고만 알려주는 곳이 혹시 학교는 아닙니까?

요즘 학생들은 뭔가를 실수했을 때 자신에게 '쓰레기'라는 표현을 서슴없이 한다는 사실을 혹시 알고 계십니까? 쓰레기……. 저는 학생들이 자신에게 '쓰레기'라고 할 때 가슴 한켠이 서늘해집니다. 모의고사 점수가 안 나와도 쓰레기, 수학 문제를 못 풀어도 쓰레기, 수업 시간에 실언(失言)을 해도 쓰레기, 자신의 내신 성적으로는 갈 대학이 마땅치 않아 스스로 쓰레기라고 하는 학생들을 보며 교사인 나는 어떻게 해야 하는가를 돌이켜보기도 합니다. 자신의 '존엄'조차 끌어안지 못하는 학생들을 바라보며 가끔 울컥할 때가 있습니다.

제비꽃 편지 _ 안도현

제비꽃이 하도 예쁘게 피었기에

화분에 담아 한번 키워보려고 했지요

뿌리가 아프지 않게 조심조심 삽으로 떠다가

물도 듬뿍 주고 창틀에 놓았지요

그 가는 허리로 버티기 힘들었을까요

세상이 무거워서요

한 시간도 못되어 시드는 것이었지요

나는 금세 실망하고 말았지만

가만 생각해보니 그럴 것도 없었어요

시들 때는 시들 줄 알아야 꽃인 것이지요

예뻐서 옮겨다 심은 제비꽃이 들에서 보던 것과 달랐던 것이죠. 물도 듬뿍 주고, 햇볕도 충분히 쬐라고 창틀에 두었지만 시드는 제비꽃. 그 시듦에 실망했지만, 금세 시들 때는 시들 줄 알아야 꽃인 것을 알았다는 시인의 고백이 새롭게 들립니다.

교사는 꼭 완전한 '멘토'여야 하나요? 학생을 있는 그대로 볼 줄 아는 사람이 교사이면 좋겠습니다. 우리 교사들도 다 그런 시절을 겪었잖아요? 혼자서 자신의 삶을 만들어 나갈 힘이 있는 존재 역시 학생입니다. 교사는 그 힘을 촉진하는 존재입니다. 가르치며 배우는 존재가 교사라고 한다면 이제 학생을 그저 지도의 대상으로 바라보는 시선부터 바꾸어 보는 것은 어떨까요? 교사가 원하는 대로 바라보는 것이 아니라 거기 있는 '너'를 바라보는 교사가 되어 보는 것도 꽤 괜찮은 일입니다. 물론 처음에는 선생님이 혼란스러울 것입니다. 하지만 우리는 모두 '자유의지'가 있잖아요? 그것을 멋있게 사용하는 연습이 학교에서 이루어져야 하는데 학교는 그 연습을 시키지 않고 학생들을 사회로 내보낸다면 그것은 어쩌면 교사의 직무유기입니다.

내가 너를 바라보는 연습, 선생님! 함께 하지 않으시겠습니까?

07

인디스쿨 이야기로 열어보는
더 나은 교육을 위한 기록과 공유

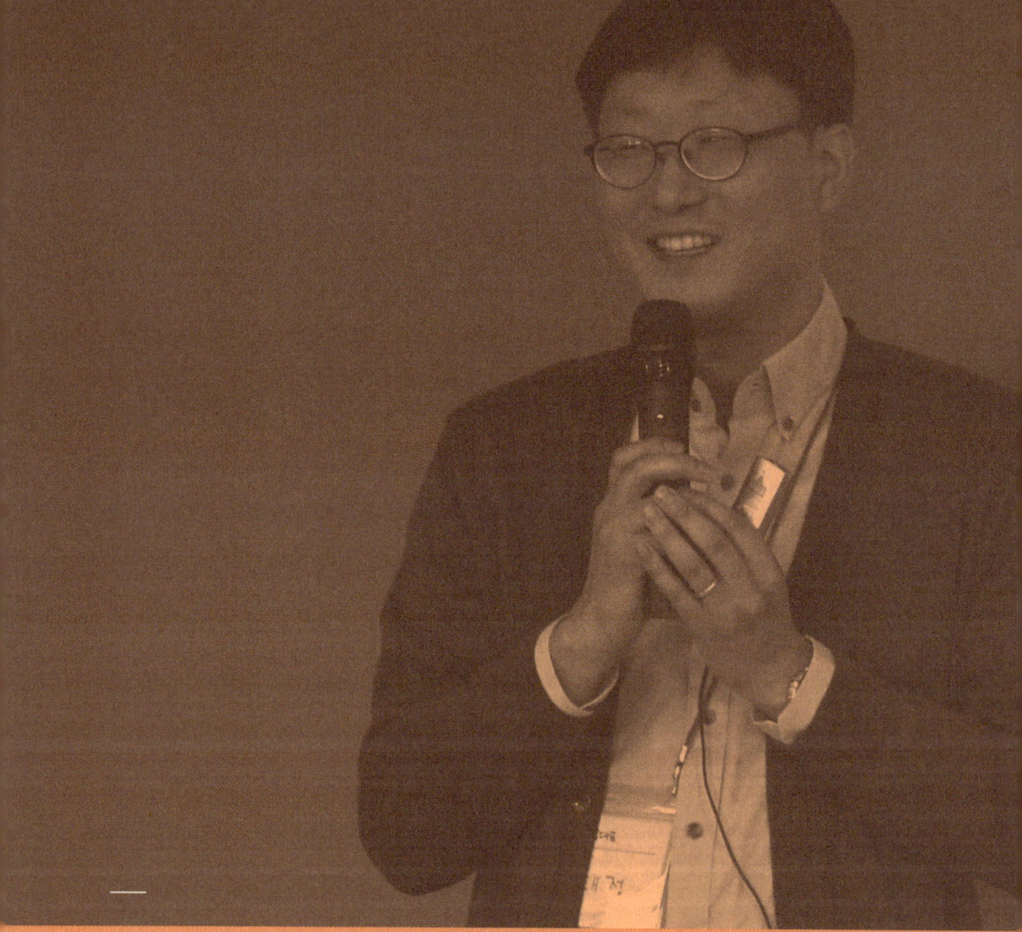

■ 이태정(초등교사커뮤니티 인디스쿨 대표)

#인디스쿨

"아이들의 행복을 위해 함께 성장하는 교사"

대한민국에 PC 통신의 시대가 저물고 전국 인터넷 보급률이 60%밖에 되지 않던 2000년대 초를 기억하실지 모르겠습니다. 옆 반 선생님께서 감동적인 교육철학과 수업을 하고 계신다는 놀라운 사실은 말 그대로 그 선생님의 '옆 반'이 되어야만 알 수 있었던 시기에 '인터넷'이라는 놀라운 기술을 이용해 교실의 벽을 허물고 전국의 초등학교 교사들을 연결하고자 했던 인디스쿨이라는 프로젝트가 있습니다.

프로젝트에 참여하고 있는 14만 명의 현직 초등학교 교사는 자신의 소중한 경험과 연구를 아낌없이 나누며 함께 성장하는 집단지성을 이루고 있습니다. 오늘날 성공적으로 운영되고 있는 유명한 오픈소스 프로젝트(open source project)들이 '컴퓨터 소프트웨어'를 주제로 하고 있다면, 인디스쿨은 오픈소스 프로젝트의 가치와 방식을 추구하면서 '초등교육'이라는 특별한 주제로 진행되고 있다는 점이 바로 여타의 교육 관련 커뮤니티들과 가장 큰 차이점이 아닐까 생각합니다.

아이들의 행복을 위해 교실의 벽을 허물고, 전국의 초등학교 교사들을 온라인으로 연결하여 모두 함께 나누며 성장하고자 하는 작은 시작에서, 초등교사와 교실과 학교를 변화시키는 큰 흐름이 되고 있습니다. 이런 인디스쿨의 배경과 가치를 되짚어보면서 함께 성장하는 교육문화와 교육의 미래를 위한 키워드를 찾아보려 합니다.

초등교사들에게 인디스쿨이란?

공식적으로 인디스쿨이 문을 연 날짜는 2001년 12월 24일이지만, 박병건 선생님의 개인 홈페이지로 시작한 2001년 초부터 시작되었습니다.

수업자료 공유

인디스쿨에서 '공유'는 더 이상 설명이 필요 없는 핵심 키워드가 아닐까 싶습니다. 교사를 사용자로 하여 아이들을 위해 쓰라고 만든 것이 아닌, 교사 자신의 교육철학과 수업역량을 담아 직접 쓰려고 만든 믿을만한 자료를 아무런 조건 없이 나누는 동료에 대한 감사와 응원이 더해져 함께 성장하는 교사문화를 형성하는 데 기여했다고 할 수 있습니다.

커뮤니티 광장

인디스쿨은 누가 뭐래도 전국의 초등학교 교사들이 모인 전문가 '커뮤니티'입니다. 아이들과 생활하면서 생긴 궁금증과 업무의 어려움을 함께 해결하고, 마음속에 꾹꾹 눌러두었던 참을 수 없는 고민을 나누는 광장으로서, 지적인 '공유'의 키워드에 감성적인 '공감'의 키워드를 더하여 교사문화를 더욱 확산하고 이어갈 수 있는 관계로 발전시켰습니다.

교육정보 보관소

이렇게 나누는 '공유'와 '공감'의 키워드를 통해 인디스쿨이라는 공간에 교사들에게 필요한 현실적이고 신뢰도 높은 교육정보가 축적될 수 있는 기반이 되었습니다. 교육환경의 변화에 따라 끊임없이 갱신되고 순환되는 '정보보관소'의 역할과 이미 누군가가 고민한 것에 대해서 빠르게 해결하고, 나머지 시간과 노력을 교육활동에 전념할 수 있도록 돕는 '에너지보관소'의 역할을 하고 있습니다.

앞선 교육연구

온라인을 기반으로 하는 커뮤니티 활동으로도 채울 수 없는 목마름이 있었습니다. 직접 마주 보고 나누는 끈끈한 인간적인 만남은 인디스쿨 오프라인 연수로 해갈되었습니다. 자율연수를 통해 내가 가진 한 가지씩을 나누며, '오늘 배워, 내일 쓰자'는 목표로 당장 써먹을 수 있는 주제를 찾아 시작했습니다. 초등학교 교사로서의 수준 높은 소양을 갖추는 단계에서 더 나아가, 초등교육 전문가로서 자발적인 연구모임을 통해 교사로서의 학습과 성장에 대한 물음을 던지고 답을 찾아가는 새로운 문화를 만드는 도전이 진행되고 있습니다.

인디스쿨만의 가치

초등교육의 문화를 이끌어가기 위해 인디스쿨만이 가지고 있는 보물은 무엇일까요?

누적된 기록

2001년 인디스쿨의 시작부터 꾸준히 쌓이고 있는 방대한 양의 수업자료와 게시물은 어느 무엇과도 바꿀 수 없는 초등교육의 살아있는 기록이자 역사입니다. 국가교육과정이 바뀌고 유행이 흘러가도 오래전 기록물이 지금도 가치를 잃지 않고 공유되는 가장 큰 이유가 바로 시간의 흐름에 따라 촘촘히 '누적'되어 있다는 점과 하나하나의 자료와 게시물에 남아있는 정성 어린 피드백과 추가정보가 보다 더 높은 가치를 더하는 것이 아닐까 생각해봅니다.

비록 검색하고 살펴보는 데 노력이 필요하긴 하지만, 기간별로 모아 잘 정리해서 모아두는 분절된 기록이 담을 수 없는 시대 흐름과 고민이 내포되어 있습니다. 저장용량이 부족해 전체 시스템이 멈추는 일도 있었지만, 어떤 수를 써서라도 공간을 확보했고, 큰 손실 없이 지금껏 지켜왔습니다.

공유의 순환 고리

누적된 교육정보와 수업자료는 인디스쿨 안에서 사용한다는 조건하에 원작자의 동의를 받지 않고 내용을 수정할 수 있고, 이를 자료실에 다시 올릴 수 있도록 저작권을 명시하고 있습니다. 본인의 저작물이 아닌 이상 개인 블로그나 타 웹사이트에 재배포할 수 없도록 함으로써, 공유하려는 원작자의 의사를 존중하는 의미와 함께, 더 좋은 자료로 향상되어 다시 공유되는 긍정적인 순환의 고리가 만들어졌습니다.

비록 처음에는 부족해 보여도 동료 전문가들의 손길을 거치면서 미디어가 추가되고, 내용이 보완되고, 매끄러운 진행으로 수정되고, 디자인

이 개선된 버전이 등장하고, 때로는 기본 아이디어만 남기고 새롭게 만들어지기도 합니다. 물론, 이런 과정이 그대로 누적되어 기록되기 때문에, 우리 반 아이들에게 가장 적절한 버전을 선택하여 개선할 수도 있습니다.

안전한 공간

인디스쿨 내에서 공유되는 수업자료와 정보는 비록 아이들을 위한다 하더라도 비회원에게 공개하지 않는 것을 원칙으로 하고 있습니다. 원작자의 권리를 존중하면서 재생산과 재배포로 이어지는 긍정적인 공유의 순환 고리는, 그 가치를 지켜나가려는 보이지 않는 약속이 반드시 필요한데, 무분별하게 배포하고, 마치 자신의 것인 양 가로채는 문제는 쉽게 사라지지 않을 것 같습니다.

인디스쿨에 공유되는 정보와 자료는 내가 직접 쓰려고 만든 자료이기 때문에 축약된 부분도 많고 세련되지 않지만, 교육적으로 매우 중요한 요소가 포함되어 있습니다. 초등교사의 전문적인 재해석의 과정이 반드시 필요한데, 이런 과정이 생략된 채로 무작정 가져다 쓰는 경우에 '교실에서 겨우 이런 자료로 수업을 한단 말이야?' 내지는 '뭐 대단한 자료일 줄 알았는데, 학습지와 다름이 없잖아'처럼 잘못된 평가를 받을 수 있습니다.

이런 의도적이고 제한된 접근권한과 함께, 안정성이 높은 고성능의 스토리지 서버에 보관하고 있으며, 자연재해에도 안전한 인터넷 데이터 센터를 이용함으로써 물리적으로도 안전한 공간을 만들어 운영하고 있습니다.

독립성과 변화 가능성

인디스쿨의 '인디(indie-)'는 '독립적'이라는 의미를 가지고 있습니다. 정부와 기업, 이해관계가 뚜렷한 단체들로부터의 재정지원 없이 회원들의 자발적인 후원으로 독립성을 유지하고 있습니다. 사실 초기에는 도움이 절실한 순간들도 있었지만, 교사들의 자발적인 후원으로 어려움을 극복해나갈 수 있었습니다.

그리고 정책을 결정하고 실행하는 운영진 모두가 현직 교사들이기에 지금 우리에게 필요한 것이 무엇인지, 미래에 우리가 해야 할 실질적인 과제가 무엇인지를 정확히 파악할 수 있으며, 이런 모든 것을 가능하도록 네트워크서버 운영과 웹서비스 운영과 같은 전문적인 영역도 교사들의 참여로 끊임없이 연구하고 도전하여 갖춤으로써 언제 어떤 변화에도 대응할 수 있는 기술력을 갖추었다는 점도 인디스쿨이 가진 저력이자 가치라고 볼 수 있습니다.

#기록

"학교의 교육기록은 어디에 있습니까?"

더 나은 교육이라는 의미를 '교육'과 '혁신'이라는 낱말로 분리하여 생각해보았을 때, 인디스쿨의 혁신 키워드는 '공유'입니다. 하지만 공유는 '기록'이 선행되어야 가능한 일입니다. 기록(기록물)의 의미를 단순히 문서로 볼 수 있겠지만, 문서에 활용성을 더하는 미디어와 응용소프트웨어를 통칭하여 기록이라 부르겠습니다.

혁신이란?

교육 영역뿐만 아니라 사회 전체에 혁신이라는 키워드가 유행처럼 오르내리고 있습니다. 조직이 꾀하는 일이 제대로 풀리지 않는다 싶을 때, 마치 컴퓨터의 운영체제를 다시 설치하듯이 모두 뜯어고치면 문제를 해결할 수 있으리라는 믿음이 있는 것 같습니다. 이런 방식의 개혁은 아무래도 다수의 반대에 부딪히기 쉬운지라, 당하는 대상들이 마치 어떤 큰 잘못을 저지르고 있으며 바로잡기 위한 노력을 게을리하고 있다는 억지 이유를 만들어 추진력을 발생시키기도 합니다.

"혁신이란, 당연히 해야 할 것을 하는 것"

혁신의 핵심은 이런 갈아엎기 식의 개혁이나 겉모습의 변혁이 아니라 '본질'에 다가서려는 모두의 노력이라고 할 수 있습니다. 우리가 당연히 해야 할 것들을 더욱 잘하게 하거나, 당연히 해야 할 것을 제대로 할 수 있게 뒷받침하는 것으로 혁신이 시작된다고 볼 수 있습니다.

교사들은 이미 교육의 본질인 아이들의 행복을 위해 끊임없이 노력하고 있고, 다양한 방법으로 도전하고 있습니다. 오래전부터 모두 각자의 자리에서 충분히 본질에 다가서고 있기 때문에 근본부터 바꿔야 한다는 주장은 그리 설득력이 있어 보이지 않습니다. 그렇다면, 우리가 당연히 해야 할 것 중에 놓치고 있는 부분은 무엇일까요?

기록하고 있나요?

교사들은 기본적으로 아이들의 활동과 수업 결과물 등의 기록에 익숙합니다. 이런 기록을 바탕으로 포트폴리오를 만들고, 각종 평가와 상담 등 여러 용도로 활용합니다. 반면에, 교사 개인의 기록과 학교의 문서들이 학교 전체의 교육기록물로서 효율적으로 생산되고 체계를 갖추어 관리되고 있는지 돌아볼 필요가 있습니다.

외국의 유명한 소프트웨어 기업의 사례를 살펴보면, 신입사원이 프로젝트를 배정받기 전에 상세하게 기록되고 보관된 문서를 열람하고 학습하는 시간을 통해 출발점을 60% 이상에서 시작한다고 합니다. 반면에 우리는 새로운 학교에 발령받아 그 학교의 기록을 나타낸 문서를 찾을 수도 없을 뿐만 아니라, 기존에 근무하고 있는 교사들도 어디에 정리되어 있는지 알지 못할 때가 많아 0%에서 시작한다고 볼 수 있습니다.

학교 안에서 발생하는 모든 프로젝트는 교육활동, 학교업무 할 것 없이 '동기→과정→결과'의 단계를 거칩니다. '동기'의 단계에서 왜 하려고 하는지, 어떤 방향으로 할 것인지에 대한 고민과 가설, '과정'의 단계에서는 실제로 프로젝트가 추진되면서 수집한 정보와 자료, 단계를 수정한 불필요한 문서들과 까닭, '결과'의 단계에서 실적과 평가와 제안이 남습니다.

우리는 이 단계 중에서 '결과'를 기록한 것만 남기고 있습니다. 물론, 결과물에도 동기와 과정이 포함되어 있지만, 처음의 고민과 시행착오는 완벽히 삭제되어 있기 마련입니다. 동기와 과정 없이 스토리텔링이 가능할까요? 학교를 떠나고 교사가 남긴 기록물만 보았을 때, 어떤 고민을 했는지, 어떤 과정에서 시행착오를 겪었는지 알 수 없기 때문에 또다시 시행착오를 겪거나, 교육적 철학 없이 전에 했던 사업이니 날짜만 바꾸어서 반복하는 문제가 생기는 것입니다.

기업들은 이미 오래전부터 동기와 과정을 기록으로 남기기 위해 엄청난 비용을 들여 특성에 맞는 시스템을 운영하고 있습니다. 우리에게 그런 여건이 되지 못한다면 전자결재 시스템에 결과물을 기록하기로 하고, 시행착오와 생각이 포함된 동기와 과정은 모두의 약속을 정해 파일을 버리지 말고 남겨두면 됩니다.

당연히 규칙을 만들어 모두가 공유한다면 멋진 기록체계를 만들 수 있습니다. 간단히 예를 들어보겠습니다.

1. **업무는 기본 부서별로 폴더 만들기**
   - 2016화성월문/교육기획
   - 2016화성월문/교육정보

2. **프로젝트 폴더 이름은 [날짜-사업명]으로 약속하기**
   - 0301-1학년입학식
   - 0421-56학년수학여행

3. **과정은 순서를 붙여 기록하기**
   - 10-수학여행지사전설문조사.hwp
   - 20-사전답사계획서.hwp

4. **사용한 파일은 하위 폴더에 모으고 지우지 말기**
   - /단체사진

- /영수증스캔

- /그래프작업

이렇게 학교의 실정에 맞게 규칙을 정하고 약속하여 체계적으로 기록하면, 내가 학교를 옮기거나 자리를 비우더라도 다음 사람에게 마치 스토리텔링 하듯이 생각을 전달할 수 있는 중요한 정보가 될 수 있고, 이런 학교 전체의 기록을 모아 누적시키면 학교의 살아있는 '역사'가 됩니다.

물론, 교사 개인도 이런 규칙을 정해 기록한다면, 포트폴리오를 만드는 데 큰 도움이 됩니다. 날짜지정도 규칙을 정하면 좋습니다(0415=4월15일, 0500=5월달, 1410=새해2월10일).

1. 수업자료는 [과목-주제]별로 폴더 만들기

- /수학-사칙연산

- /미술-붓글씨쓰기

2. 수업준비와 활동기록은 [날짜-과목-활동]으로 폴더 만들기

- /0302-창의-소개놀이

3. 과정안과 자료의 이름은 [날짜-수업-종류]로 정하기

- 1410-졸업하는마음-과정안.hwp

- 1410-졸업하는마음-발표.ppt…)

정보의 순환

큰 비용을 들이지 않더라도 규칙에 맞추어 체계적으로 파일 정리만 해도 누구나 알아볼 수 있기 때문에 데이터베이스가 만들어집니다. 인

수인계를 받다 보면 업무와 관련된 파일이 모두 뒤섞여 있고 이름을 도저히 알 수 없어 일일이 열어보아야 하거나 심지어, '전자문서를 열어보면 다 있다'며 과정에 필요한 자료를 하나도 넘겨받지 못하는 경우가 있는데, 그런 경우만 예방해도 학기 초에 받는 스트레스는 일단 상당 부분 줄어들 수 있습니다.

또한, 수업자료를 인디스쿨에 올려서 공유하고 싶거나, 옆 반 동료 교사와 메신저를 통해 공유할 때도 이렇게 정리가 되어 있으면, 바로 폴더를 통째로 .zip 파일로 압축해서 업로드하거나 메신저, 메일로 보내면 되니까 얼마나 편한지 모릅니다.

출발점 높이기

새학기가 되면, 새로운 마음으로 컴퓨터를 모두 삭제하고 모든 자료를 새로 만들기 시작하시는 분들도 계시겠지만, 대부분은 전임자의 컴퓨터와 기록을 그대로 넘겨받거나, 교감 선생님으로부터 인수인계서와 함께 CD나 DVD를 전달받기도 합니다. 해마다 꾸준히 모은 수업자료 포트폴리오를 휴대용 디스크에 백업하여 가지고 다니게 되면 학교를 옮기거나 새로운 학년을 맡게 되었을 때, 학교의 기록을 통해 밑바닥에서 시작해야 했던 출발점을 어느 정도 높일 수 있을 것입니다. 여기에 더하여 잘 정리되어 디지털 매뉴얼이 학교 내에 만들어져 있다면, 처음 발령받으신 선생님들의 적응 문제를 해결할 수 있을 뿐만 아니라, 팀워크의 빠른 회복에도 도움이 될 수 있을 겁니다.

학교의 교육 기록이 체계적으로 보관된다는 것은 작성자에 대한 기록도 함께 남는 것이므로, 어떤 프로젝트라 하더라도 교육적인 목적에 조금 더 다가서기 위해 책임의식을 가지고 노력하게 되는 것은 물론, 시간이 흐른 뒤에 내가 생산한 기록을 다시 열람함으로써 돌아보고 학습하는 성장의 기회가 될 수 있습니다.

아울러 인디스쿨에 누적된 정보와 자료가 초등교사의 공유와 소통의 문화를 만들 수 있었던 것처럼, 학교에 누적된 교육 기록으로 학교만의 전통과 문화를 만들 수 있게 됨으로써, 학교 실정에 맞지 않는 무리한 연구와 보여주기 식의 교육 활동에서 벗어나는 대신, 전통의 기반 위에 교사들의 능력과 리더십을 더하여 더욱 교육적 가치에 집중할 수 있습니다.

학교역사관 vs. 디지털 아카이브

이렇게 중요한 의미를 가진 교육 기록이 존재해도 약속된 체계가 없거나, 제대로 관리되고 있지 않으면 결국 꼭 필요한 순간에 도움이 될 수 없습니다.

"선생님의 학교는 교육활동을 기록하고 있습니까?"
"우리 학교는 모든 활동을 문서와 미디어로 기록하고 있습니다."
"정말 멋집니다. 그렇다면, 기록물은 어디에 누가 관리하고 있습니까?"
"학교역사관에 보관되어 있고, 담당교사가 관리하고 있습니다."

21세기를 살고 있는 우리입니다. 학교의 역사와 디지털화할 수 없는 결과물들이 전시되어 있는 공간으로서 학교역사관은 매우 중요한 시설입니다. 이것을 부정하려는 것이 아닙니다. 학교역사관이 기록물이 사라지지 않도록 보존할 수 있고, 접근 권한을 부여할 수 있고, 필요할 때 언제든 열어볼 수 있고, 원본과 가장 똑같은 형태를 가진 아카이브(archive)의 역할을 하고 있다고 보기는 어렵습니다. 학문 영역별 지식정보의 디지털 아카이빙에 대한 연구가 많이 이루어지고 있습니다. 표준화된 방식도 물론 존재하지만, 학교 자체적인 공유디스크에 저장하는 방식으로도 매우 훌륭한 기록보관소를 구축할 수 있습니다.

기록전문가와 학교도서관

기술적인 부분을 해결하기에 적합한 인력과 장소는 이미 학교에 있습니다. 학교도서관과 사서 교사의 역할을 다시 생각해보아야 할 시점이 아닌가 생각합니다. 사서 교사야 말로 기록물에 대해 가장 전문적인 지식을 가진 분들이고, 근무하시는 학교도서관 역시 학교의 가장 중요한 지식 보관소입니다.

그렇다고 해서 아이들을 위한 독서교육 지원과 학교도서관 운영 등의 업무를 미룰 수는 없는 일입니다.

시나리오를 한 번 생각해보자면,

1. 담당교사가 행사를 기획
2. 협조하여 사업 추진
3. 사업 후 담당자가 기록물 묶음
   - 운동회 프로그램과 안내장

      – 물품구입목록

      – 각종 계약서

      – 사진과 영상

      – 보고서

4. 묶은 기록물을 도서관으로 전송

5. 기록을 체계적 보관 및 관리 ➜ 사서 교사의 업무 ★

6. 열람 및 조회(개인)

      – 네트워크 스토리지의 누적 기록물

      – 실시간 열람

      – 전체 요청 시 묶음 파일을 내부 네트워크로 전송

여기서 기록을 관리하게 되는 사서 교사의 역할은 아카이브 설계와 운영에 중점을 두지만, 업무프로세스 상으로는 담당자가 전송한 기록물을 보관하는 것으로도 충분하지 않을까 생각해 보았습니다.

#공유

"기록의 가치는 공유로 완성됩니다"

우리가 더 나은 교육 혁신을 위해 당연히 해야 할 것으로 '기록'을 살펴보았습니다. 개인정보나 심각한 비밀이 담겨있지 않는 이상, 이런 기록물이 널리 '공유'되지 않는다면 그저 찻잔 속의 태풍일 뿐입니다. 혁신학교를 통해 교육의 패러다임을 바꾸고자 그토록 땀 흘리며 이루어 온 것들이 그저 학교 내부에만 보관되거나 개인적인 성과물로 소장하여 모두에게 나누어지지 않는다면, 얼마나 안타까운 일이겠습니까?

일반화 연수?

예를 들어, 연구시범학교에서 이루어낸 성과를 '일반화'하기 위해 담당교사가 교육청에서 지역 학교를 중심으로 연수를 한다거나, 보고서를 제본하여 단위 학교에 배포하는 것을 일반화라고 할 수 있을까요? 이룩한 성과와 노력이 아무리 뛰어나다 하더라도 이런 방식으로는 동기를 부여하는 것부터 큰 걸림돌이 될 것이 분명합니다.

정보통신의 시대임에도 불구하고, 이런 연구 자료는 늘 '비공개'로 유지되고 있어서, 아이들을 옆 반에 맡긴 채 멀고 먼 출장을 떠나 발표회에 참석하고, 자료를 USB에 복사해 주십사 부탁하거나 아는 분을 통해 전자우편으로 요청하기 전에는 제본된 인쇄물밖에 접할 수 없는 문제가 반복되고 있어 안타깝기만 합니다.

'부분공개'로 학교 홈페이지를 찾아가 열어볼 수 있도록 하는 학교도 물론 있지만, 회원가입을 해야 하거나 어느 학교인지를 먼저 알아내야 하는 수고로움이 동반된다는 것도 안타까운 일입니다. 모든 학교도서관에 기록물들을 누적하여 보관되고 있다면, 학교도서관의 네트워크를 구축하고 교사들에게 필요한 정보를 사서 교사들이 찾아주는 방법으로 부분공개의 문제를 해결할 수 있겠습니다.

'완전공개'를 통해 연구를 시작하게 된 동기부터 과정, 결과가 누적된 풍부한 기록을 누구나 열람할 수 있도록 하면, 연구를 원하는 학교에서

는 그를 바탕으로 지역사회와 학교 실정에 맞게 개선하여 충분히 일반
화할 수 있을 테고, 어려움이 생기거나 궁금증이 있으면, 개별적으로 학
교를 방문하는 등의 방법으로 개선하면 될 것입니다.

자발적 공유

그렇다면, 완전히 공개한 자료는 어디를 통해서 공유되어야 할까요?
각 지역의 교육지원청에서 만든 ○○지원센터 웹사이트나 교육부의 서
비스는 멋진 디자인에 반해 공문에 의해 수동적으로 공유되어 내용이
빈약하고, 결과물 중심의 기록인지라 크게 도움이 되지 못하는 실정입
니다. 그나마 오랜 시간 남아 있으면 다행이겠지만, 정책이 바뀌거나 몇
년 지나면 문을 닫아서 기껏 공유된 결과물도 바람과 함께 사라져버립
니다. 이런 관행이 끊임없이 반복되고 있지만, 개선될 기미는 보이지 않
습니다.

이런 문제가 공유를 망설이게 만드는 요인이 된다면, '인디스쿨'과 같
은 커뮤니티는 어떨까요? 안전한 스토리지 시스템과 자발적인 공유문
화, 적극적인 피드백을 통한 활성화. 매력적이지 않습니까?

#당연히 해야 할 것

인디스쿨이 실천해 온 키워드 중에서 더 나은 교육을 위한 혁신의 키
워드로 '기록'과 '공유'를 선택하여 이야기를 풀어 보았습니다. 특히, 과
정 중심의 '기록'은 아이들에게 여러 가지 방법으로 가르치고 있으면서,

정작 교사 개인과 학교에서는 당연히 해야 했을 것임에도 비중을 두고 있지 않았던 영역이 아닐까 하는 생각에 제안해 보았습니다.

기록을 통해 학교의 전통을 세우기 위한 공감대를 이끌어내고,

마인드맵 같은 빠르고 편하면서도 정확한 과정기록 방법을 선택하여 기록하고,

네트워크를 통한 디지털 아카이브를 구축하여 누적하고,

합리적인 분류방법으로 다 함께 기록의 문화를 만들어가려는 노력에 더하여,

교육기록(정보)의 소유에 대한 생각을 바꾸고,

공유에 대한 인식의 변화로 결과물이 아닌 과정 전체를,

자발적으로 모두가 소통할 수 있는 공간을 통해 공유하는 실천이 필요해 보입니다.

이런 문화를 학교에서부터 만들어가기 위해 기록전문가가 함께하고 있는 '학교도서관의 역할'을 진지하게 재정의할 것을 제안하면서 이야기를 맺을까 합니다.

08

노래로 전하는 마음

—

■ 안화용(대구와룡초등학교 교사)

공중

  지난 10월, 전북교육연수원에서 노래를 부르게 되었다. 15분이라는 시간에 선배 선생님들 앞에서 할 수 있는 이야기가 무엇이 있을까? 참 고민이었다. 어떤 부분에서도 내세울 것이 없는 저경력 교사인 내게 15분이 주어진 이유를 곰곰이 생각해보았다. 그 이유는 '공중'이라는 노래 '때문'일 것이다. 노래 '덕분'이 아닌 '때문'이라고 표현한 이유는 이 노래를 부르는 것이 내게 주어진 과업이라고 느꼈기 때문이다.

  10월 전북 모임에서 경력이 4년도 채 되지 않는 내가 할 수 있는 이야기는 거의 없었다. 하지만 꼭 이 노래를 부르고 와야만 했다. 노래가 만들어진 이유를 말씀드리고 싶었다. 그래서 학교의 각종 행사로 바쁜 시기였지만, 아이들이 하교한 후 틈이 날 때마다 노래 연습과 함께 어떻게 노래를 소개할지를 연습했다. 행사 전날, 전주의 한 게스트하우스에 머물면서 다른 숙박객이 모두 잠든 시간에도 조용히 기타를 만지며 연습했다. 선배 선생님들 앞에서 노래를 부른다는 것에 들뜬 신규 교사로 비치지 않았으면 하는 걱정이 컸다. 그래서 더욱 진정성을 담아 노래를 부를 수 있도록 좁은 방에서 주황빛 전등 하나를 켜놓고, 부풀어가는 마음을 가라앉히며 가사 하나하나를 곱씹었다.

'공중'은 작년 3월부터 시작하여 한 달 동안 만든 노래이다. 세월호 참사로 세상을 떠난 단원고 2학년 학생들을 기리는 내용으로 채웠다. 평소에 기타를 치며 노래를 만드는 데 하루도 채 걸리지 않는 편이다. 일기를 쓰는 것처럼 나 자신을 위한 기록을 남기기 위해 노래를 만들기 때문에 시간을 오래 할애하지 않는다. '공중'은 꽤 오래 걸린 축에 속한다.

처음에는 내가 만든 여느 노래일기처럼 나의 이야기를 기록으로 남기기 위한 노래인 줄 알았다. 처음 노래의 이미지가 떠오른 것은 비가 내리던 날 저녁 운동을 마치고 집으로 돌아오는 길에서였다. 우산을 쓰고 길에 파인 웅덩이를 피해 걸어오다가 노래 한 구절이 떠올랐다. 휴대전화에 음성 메모를 남기고는 재빨리 집으로 뛰었다. 멜로디와 가사가 함께 떠오르는 경우가 대부분이어서 잊어버리기 전에 노래를 만들어야 했기 때문이다.

공중으로 떠오르는 사람을 본 적이 있나요
수면 위로 떠오르는 우리 모습 본 적 있나요

길을 걷다가 또는 비가 내리는 날, 문득 떠오르는 그리운 얼굴이 있지 않은가. 이별과 연결 짓기에 참 좋은 멜로디 라인이었다. 처음으로 노래를 만들기 시작한 무렵이 2013년부터 담임을 맡아 다음 해 연임을 했던 학생들을 졸업시킨 후였기 때문에 이 노래도 당연히 그 아이들에 대한 그리움에서 나온 줄 알았다. 샤워 후 머리카락도 채 말리지 않고 기타를 잡고선 노래를 어떻게 만들어 나갈 것인지 곡 초안을 그렸다. 그런데 참 이상했다. 평소와 다르게 빠르게 진전되지 않았다. 결국엔 기타를 내려놓고 미제의 상태로 남겨 두었다.

4월이 다가왔고, 여러 매체에서 세월호 1주기에 대한 내용을 앞다투어 다루기 시작했다. 마음이 아려왔지만, 나처럼 미미한 존재가 할 수 있는 일에 무엇이 있겠나 싶어 무력한 마음이 들었다. 적극적으로 소리를 내어 동참하기보다는 그저 다른 세상의 이야기인 것처럼 바라보기만 했다. 그렇게 그들의 이야기를 외면했다. 그리고 미제로 남아있는 노래를 계속 만들었다. 항상 일기를 쓰는 것처럼 가볍게 노래를 만들어왔는데 빨리 완성이 되지 않아 내심 개운치 않았다. 무력한 상태에서 기타를 잡았고, 신기하게도 열흘 가까이 미제로 놓여 있던 노래의 다음 가사가 멜로디와 함께 떠올랐다. 드디어 노래를 완성할 수 있게 된 것이다.

공중

바로 저기 저항 없이 추락하는 마음
바다 깊이 칭칭 감겨 내던져진 우리 모습
이제 그 곳 지면 위로 착륙하는 마음
수면 아래 형체 없이 흔들리는 우리 모습
바로 저기 저항 없이 추락하는 마음
바다 깊이 칭칭 감겨 내던져진 우리 모습
이제 그 곳 지면 위로 착륙하는 마음
수면 아래 형체 없이 흔들리는 우리 마음

노래일기를 완성하면 언제나 뿌듯한 마음이 먼저 들곤 한다. 하지만 이번에는 여느 때와 다르게 기분이 이상했다. 사소한 감정이라 여기고 이에 개의치 않은 채 페이스북에 노래를 올렸다. 밴드 생활을 하며 알게 된 지인들의 의견이 궁금하기도 했고, 내가 노래를 완성할 때마다 느낀 점을 이야기해주는 친구들의 소감이 듣고 싶었다.

그런데 업로드 버튼을 누르자마자 '아차!' 싶었다. 그제야 이 노래에 실린 감정의 주인이 누구인지를 알았다. 단원고 아이들의 노래였다. 2년 간 지도한 아이들을 중학교로 보낸 후에 헛헛한 마음을 담은 나의 이야기로 남기엔 무거운 노래였다. 너무나도 일찍, 이유도 없이 여기 이곳을 떠나야 했던 단원고 아이들의 시점에서 슬픔을 이야기하는 노래였던 것이다. 가만히 그곳에 있으라고 해서 그곳에 있었던 아이들. 그래서 점점 저 바다 아래로 잠기는 배 안에서 가족, 친구, 학교, 여기에서의 일상과 이별해야 했던 아이들. 몸은 차가운 물에서 나오지 못했지만, 마음만은 가족과 친구가 있는 육지로 돌아오지 않았을까? 그리고 공중으로 떠올라서 수면 아래에 있는 자신들의 모습을 보며 슬퍼하지 않았을까. 평소 세월호 뉴스를 보며 품었던 안타까운 한숨들이 노래 속에 아이들의 마음으로 오롯이 녹아 있었다.

게시한 글을 서둘러 지우고 노래를 다시 녹음했다. 내 이야기로 부를 때보다 더욱 더욱 담백하고 담담한 목소리로 불렀다. 단원고 아이들이 부모님에게 보내는 마지막 노래편지라고 생각했다. 부모님에게 닿지 못했던 그 순간의 이야기를 전한다는 마음을 잘 나타내는 데 중심을 두고 녹음한 노래를 재차 확인한 후에야 다시 페이스북에 게시할 수 있었다.

조마조마한 마음이 들었다. 이 노래의 진짜 이야기를 사람들이 알아

봐 주었으면 하는 생각도 들었지만, 한편으로는 그저 작게 읊조리는 사소하기만 한 노래일기로 봐주었으면 하는 생각도 했다. 너무나 많은 사람의 상처가 서려 있는 참사를 주제로 어느 초등 교사가 만든 노래를 듣는 사람들이 어떻게 받아들일지 걱정되었다.

그때, 경기 시흥 정왕초의 김차명 선생님께서 페이스북을 통해 메시지를 주셨다. 혹시 자신이 짐작하고 있는 이야기가 맞느냐고 물으셨다. 듣기만 하고서 노래의 진짜 모습을 알아차린 것이다. 만약 이 노래를 시각화한다면 김차명 선생님의 따뜻한 그림체라면 좋겠다는 생각을 스치듯이 한 적이 있었기 때문에 더욱 놀라웠다. 공상에 가까웠던 일이 진짜로 일어난 것이다.

곧 세월호 1주기였다. 의미 있는 노래와 그림이 의미 있는 시간에 많은 분이 접할 수 있어야 했다. 김차명 선생님은 밤을 새워 가며 이 노래의 뮤직비디오를 만들었다. 그리고 세월호 1주기 하루 전날, 이 노래는 뮤직비디오로 많은 사람과 공유되었다. 방에서 혼자 기타를 연주하며 불렀던 노래가 전국의 교실에서 선생님들을 통해 학생들에게도 들려질 수 있게 되었다. 공연이나 음원 녹음을 하지 않았는데도, 내가 하고 싶었던 이야기가 인터넷으로 전달될 수 있다는 것이 실로 어마어마한 경험이었다. 추상적인 가사에 김차명 선생님의 시각적인 이미지가 더해지자 메시지가 더욱 명확해졌다. 이때의 인연은 이후에 디지털 교육 콘텐츠를 제작하는 대표적인 교사 모임인 '참쌤의 콘텐츠스쿨' 2기의 일원으로서 활동하는 계기가 되었다.

전국의 다양한 선생님들로부터 피드백이 들려왔다. 인천의 한 선생님께서는 세월호 참사 유가족들께 이 노래를 들려드려도 괜찮겠냐고 물어오셨다. 안산에 근무 중인 또 다른 선생님은 학생들과 함께 이 노래를 들었다는 이야기를 전해주셨다. 그렇게 노래는 전해지고 전해졌다. 단조롭고 초라했던 선율은 어느새 많은 사람이 함께 들었으면 좋을 노래가 되어 있었다.

'공중'을 만들고 이 노래를 사람들 앞에서 부른 것은 단 세 번이다. 첫 번째는 창원의 한 갤러리에서 공연할 때였고, 두 번째는 10월 전북교육연수원에서 선생님들 앞에서, 마지막으로 세 번째는 세월호 2주기를 맞아 영상 촬영을 할 때였다. 굉장히 떨렸다. 노래를 듣는 사람들에게 아직 단원고 아이들에 대한 안타까운 마음이 남아 있을지 걱정이 되었다. 그래서 가장 담백하고 기교 없는 목소리로 불렀다. 그 여백에 사람들은 자신의 감정을 가득 담아 노래를 들었고, 팽목항의 풍경을 생각해내었다. 그리고 눈물을 흘리는 사람들의 눈을 바라보면서, 아직 2014년의 단원고 2학년 아이들을 기억하는 사람들이 있다는 사실에 안도했다. 그것이 10월의 전북교육연수원에서 선생님들 앞에서 노래를 불러야만 했던 이유다.

걷자, 우리

두 번째 곡을 이야기하자면 작년 여름으로 거슬러 올라가야 한다. 혼자 떠나는 첫 유럽여행을 떠나기 2주 전 2015년 여름, 세종에 갔다. '교사가 만들어가는 교육 이야기'에 참여하기 위해서였다. 이 행사에 참여한 가장 큰 이유는 초등학생 때부터 절친하게 지낸 친구가 참여 의사를 보였기 때문이고, 두 번째 이유는 그 날 연사로 서는 김차명 선생님의 차례에 내가 만든 '공중'이 소개된다는 것 때문이었다. 결심이 섰다. 방에서 혼자 부르고 혼자 들었던 노래를 다른 선생님들이 듣는 모습을 볼 수 있다니. 세종에 가지 않을 이유가 없었다.

가려고 마음을 먹고 보니 대구에서 세종으로 가는 길이 꽤 멀었다. 그래서 하루 전날 세종 인근의 숙소에서 친구와 함께 머물기로 했다. 마치 여행을 떠나는 것 같았다. 하룻밤을 자고 나면 방송이나 책으로만 접했던 선생님들을 실제로 만날 수 있을 거라는 생각에 설레었다. 조금 불편했지만 포근했던 2층 침대에서 잠이 들 때까지 친구와 함께 오랜 이야기를 나누었다. 곧 동이 텄다. 세종으로 향했다.

세종에서 만난 선생님들의 이야기 중 가장 인상 깊었던 것은 권재원 선생님의 이야기였다. 외롭게 살아가는 선생님들의 모습을 괴물에 비유한 것이 굉장히 충격이었다. 교사가 된 후로 나 자신이 마음에 들지 않았던 순간이 꽤 여러 번 있었지만, 그 순간마다 내 모습을 표현할 단어를 찾는 것이 어려웠다. 그런데 권재원 선생님께서 '괴물'이라는 단어를 말씀하셨고, 나도 모르게 내가 고개를 끄덕이고 있음을 알았다. 그저 자존감의 문제로만 여겨왔던 나만의 이야기인 줄 알았는데, 권재원 선생님의 강연이 시작되면서 나만의 이야기가 아닌, 온빛초 강당에 함께한 모든 선생님의 이야기로 느껴졌다. 그래서 더 이상 외롭지 않았다. 그해 7월의 나는 교사로서의 삶을 살아가는 것에 지쳐있었고 유독 스스로에 대한 화가 가득했다. 그런데 마치 기적처럼, 권재원 선생님의 입에서 나온 '괴물'이라는 단어에 그동안 모질게만 대했던 나 자신을 따뜻하게 바라볼 여유의 샘이 흐르기 시작했다.

"유니콘처럼 특별한 괴물 교사가 되자."

선생님의 말씀을 가슴 한켠에 소중하게 아로새겼다.

'어쩌면 나도 유니콘처럼 특별한 사람일지도 몰라.'

7월의 모임에서 많은 것을 느끼고 대구로 돌아왔다. 그런데 너무나 숨이 찼다. 강연하신 선생님들의 이야기는 하루아침에 이루어진 것이 아니었을 것이다. 그것을 단 며칠 내에 빠르게 먹고 내 것으로 소화해낼 수는 없는 것이었다. 결국은 탈이 났다. 용기를 가득 얻고 돌아온 지 단 며칠도 되지 않아 용기를 잃었다. 그리고 매분 매초 학급 경영에 능숙한 선생님들과 나를 비교했다. 똑같은 말을 마음속으로 되풀이했다.

'나처럼 부족한 사람이 교사이어도 괜찮은 걸까? 이대로 살아도 문제없을까?'

가끔은 용기를 내어 마음속의 이야기를 지인들에게 꺼내어 보았다. 내가 기대하는 답을 다른 사람들의 입으로 듣고 안도하기 위함이었다. 그때 사람들의 반응은 두 가지로 나뉘었다. 평소 나에게 큰 관심이 없거나 나의 넋두리가 그저 지나가는 말이라고 생각한 사람들은 그저 괜찮다고 했다. 잘하고 있다고 했다. 눈앞에 주어진 일들을 충실히 해내기에도 바쁜 세상이라고 했다. 그들도 나처럼 고민한 때가 있었지만, 부질없는 걱정은 내려놓는 것이 세상을 살아가는 데 편할 것이라고 했다. 그리고 그런 삶에 만족한다고 했다.

반면에 평소 가까이 지낸 사람들은 내게 그만 불평하라고 했다. 좋은 이야기만 나누어도 시간이 부족한데 해결책이 없는 걱정을 늘어놓는 것은 무익하다고 했다. 결국, 내 마음속의 진짜 이야기를 털어놓기보다는 입을 꾹 닫고 행복한 미소를 가득 짓고 무리에 어울려 살아가는 것이 낫겠다는 생각이 들었다. 무기력한 표정과 몸짓을 한 채로 세탁 건조대에 널린 빨래 마냥 지친 일상에 몸을 누이고 여름방학만 기다렸다. 그야말로 불량한 교사였다.

여전히 생각도 걱정도 많은 내 모습을 알아채곤 사람들은 물었다.

열 마디의 대답을 떠올려 보아도 입 밖으로 소리 내어 말하기가 쉽지 않았다. 말로 하면 깃털처럼 가벼운 생각이 되었고, 글로 쓰면 내 마음의 실체보다 무거워졌다. 미사여구를 붙이면 그저 내 처지를 포장하기 위한 변명처럼 보였고, 미사여구를 떼어 내니 세상에 대한 애정 없이 적응하려 하지 않는 어두운 이야기가 되었다.

불만과 불평이 가득한 사람으로 다른 사람 눈에 비치고 싶은 사람은 없을 것이다. 그래서 내가 바꿀 수 없는 것들에 대한 비판을 늘어놓기보다는 논쟁의 여지가 있는 내 생각을 마음속에 담아두기로 했다. 그리고 무기력한 마음을 감춘 온기 없는 미소를 상대방에게 지으며 내게 주어진 일을 묵묵히 해내는 것을 옳은 일로 여기기로 했다. 그것이 누구나 피곤한 모습으로 살아가는 이 세상에 이로운 모습이라고 스스로 되뇌었다. 그저 주어진 일을 조용히 해내면 그 누구도 내게 손가락질을 하지 않는다는 것을 겪어왔기 때문일 것이다. 사람들은 열 마디의 말보다는 실속 있는 하나의 행동이 낫다는 것을 내게 이야기해주었다. 그렇게 점점 어린아이가 아니게 된 후부터, 교사가 된 후로는 더욱이나 자신의 마음을 다른 사람에게 말로 털어놓는 것이 어려워졌다. 바쁜 일상에서 자신의 이야기를 일기와 같은 기록으로 남기는 것이 내 마음의 진실이 드러날 수 있는 위험하고 번거로운 일이 되어버린 것이다.

무기력한 나날을 보내고 어느새 홀로 유럽여행을 떠나는 날이 다가왔다. 딸 혼자 여행을 가겠다고 하니 무척이나 걱정이 많았던 어머니는 혹여나 딸이 미안해할까 싶어 더욱 씩씩하게 여행 잘 다녀오라는 말씀을 따뜻한 미소와 함께 건네셨다. 씩씩했던 어머니의 모습을 닮아 26박 27일의 유럽여행을 끝내고, 아무 탈 없이 씩씩한 모습으로 한국에 돌아왔다. 물론 노랫말을 기념품으로 삼아 내 마음속 여행 가방에 담아 왔다.

대한민국 교사로 살아간다는 것은 여행사의 잘 계획되어 있는 패키지 여행을 떠나는 것과 참 닮았다. 이미 예산과 여행 기간은 정해져 있기 때문에 여행에 참여하는 사람들을 최대한 많이 만족시킬 수 있도록 프로그램을 설계한다. 일정과 다르게 자기 마음대로 움직이면, 여행사의 일정 진행에도, 다른 여행객들에게도 방해된다. 그래서 되도록 튀지 않고 안내자를 잘 따라다니며 여행을 마치는 것이 중요하다. 사전 계획에 문제가 있더라도, 일단은 여행을 잘 마치는 것이 우선이다.

하지만 이것이 최선이라고 할 수 있을까? 겉모습이 다른 것처럼 우리 마음의 모양도 제각기 다른 법이다. 가고 싶은 곳에서, 하고 싶은 일을 하는 것이 아니라면, 여행은 이내 일정을 소화해야 하는 노동이 되어 버린다. 처음 여행을 가려고 마음먹었을 때의 설렘은 온데간데없이 사라지고 차라리 무기력한 일상이 그리워진다. 그래서 많은 사람이 함께 떠나는 패키지여행 속에는 반드시 각자의 마음을 달랠 수 있는 자유 일정이 필요하다. 자유 일정이 있다면 마음껏 튀어도 나무랄 사람들이 없지 않을까?

여행을 떠나기 전 마음에 새긴 권재원 선생님의 한 마디는 씨앗이었고, 여행 동안 걸었던 수많은 길이 그 씨앗의 물과 햇빛 그리고 거름이 되었다. 그리고 노래 '걷자, 우리'가 되었다. 우리가 있는 곳인 학교에도 튀는 여행을 마음껏 할 수 있도록 자유 여행 일정이 주어졌으면 하는 마음을 이 노래에 가득 담았다. 그리고 '교사가 만들어가는 교육 이야기' 두 번째 모임에 여행 선물을 한 아름 챙겨 전북연수원에 오신 선생님들과 함께 나누었다.

교사로 살아가는 것은 내가 선택한 것이다. 그 말인즉슨 앞으로의 많은 여행을 혼자가 아닌 아이들과 함께 가기로 했다는 뜻이기도 하다. 하지만 그 속에서 다른 선생님은 할 수 없는 오로지 나만 할 수 있는 특별한 여행을 찾는 것이 필요하다. 그래야 나도 행복하고, 아이들도 행복하다. 즉, 자유 일정이 필요하다. 발령 5년 차, 아직 단단해지지 못한 어린 교사인 내가 정한 자유 여행 일정은 노래일기를 쓰는 것이다. 당장은 서툰 말과 글보다는 따뜻한 노래일기로 아이들 그리고 우리 어른들에게 다가가고 싶다. 물론 시간이 흘러 중견 교사가 되면 하고 싶은 여행의 모습이 달라질지도 모른다. 하지만 그때그때의 내 경험과 생각에 가고 싶은 길로 아이들과 함께 걷다 보면 멋진 풍경이 끊이지 않을 것이라는 확신에 행복한 마음이 든다. 이 책을 읽는 많은 선생님도 나의 노래 '걷자, 우리'를 듣고 용기를 얻으셨으면 한다.

인기가 없는 길이라도 괜찮다.

외로운 선생님들이 뻔하지 않은 추억을 만든다.

발자욱이 뜸한 길모퉁이에서 우리가 다시 만날 수 있기를 바란다.

걷자, 우리

뭘 그리 혼자 튀고 싶어 하는지

왜 굳이 번거로운 일만 벌이는지

내 앞에 펼쳐진 예쁜 길만 걸어도

부럽지 않은 여행을 할 텐데

뭘 그리 인기 없는 길만 걷는지

왜 굳이 혼자 하는 여행을 가는지

내 앞에 펼쳐진 달콤함만 맛봐도

아깝지 않은 여행을 할 텐데

나도 알아 아주 잘 알고 있어

발자국 많이 나 있는 길 더욱 편한 길이란 걸

너는 몰라 모른 척을 하고 있어

발자국 많이 나 있는 길 더욱 뻔한 길이란 걸

너는 몰라 모른 척을 하고 있어

아무도 가보지 못한 길 더욱 멋진 길이란 걸

우리는 알아 우리는 잘 알고 있어

아무도 가보지 못한 길 우리가 만날 길이란 걸

바로 여기에 모인 우리

걷자!

권희정(대구교대 미술교육과, 참쌤스쿨 2기)

09

교사들과
함께하는
헌법 이야기

■ 김승환(전라북도교육청 교육감)

대한민국 헌법을 누가 만들었나요? 좀 더 세련되게 이야기하면 누가 '제정'했나요? 대한민국 헌법은 대한민국 국민이 제정한 것으로 되어 있습니다. 그것이 어디에 나와 있느냐? 헌법 본문 앞에 나와 있는 것, 즉 헌법 전문에 보면 이렇게 되어 있습니다.

□ 헌법 전문

유구한 역사와 전통에 빛나는 우리 대한국민은 3·1운동으로 건립된 대한민국임시정부의 법통과 불의에 항거한 4·19민주이념을 계승하고, 조국의 민주개혁과 평화적 통일의 사명에 입각하여 정의·인도와 동포애로써 민족의 단결을 공고히 하고, 모든 사회적 폐습과 불의를 타파하며, 자율과 조화를 바탕으로 자유민주적 기본질서를 더욱 확고히 하여 정치·경제·사회·문화의 모든 영역에 있어서 각인의 기회를 균등히 하고, 능력을 최고도로 발휘하게 하며, 자유와 권리에 따르는 책임과 의무를 완수하게 하여, 안으로는 국민생활의 균등한 향상을 기하고 밖으로는 항구적인 세계평화와 인류공영에 이바지함으로써 우리들과 우리들의 자손의 안전과 자유와 행복을 영원히 확보할 것을 다짐하면서 1948년 7월 12일에 제정되고

8차에 걸쳐 개정된 헌법을 이제 국회의 의결을 거쳐 국민투표에 의하여 개정한다.

'유구한 역사와 전통에 빛나는 우리 대한국민은……' 이걸 잘못 읽어 '대한민국'이라고 하면 안 됩니다. 이처럼 우리 헌법은 '헌법을 제정한 주체는 국민'이라고 명시하고 있습니다. 그리고 동시에 헌법 전문에는 헌법을 개정하는 주체도 국민임을 밝히고 있습니다. 어디에 있느냐? 헌법 전문 맨 아래에 보면 '이제 국회의 의결을 거쳐 헌법을 개정한다'라고 되어 있습니다. 헌법의 제정과 개정의 주체를 다 밝히고 있는 것입니다.

헌법을 보면 여러 가지 강조점이 있습니다. 그중에서 가장 크게 강조하는 것은 '인간'과 '국민'입니다. 대통령을 강조하고 국회의원을 강조하고 교육감을 강조하는 것이 아니라, 인간과 국민을 강조했습니다. 인간과 국민, 이 둘의 차이가 무엇인지 아시나요?

1789년 프랑스에서 무슨 일이 있었습니까? 네, 프랑스 인권선언이 있었습니다. 그런데 그게 정확한 명칭이 아닙니다. '프랑스 인간과 시민의 권리선언'이 정확한 명칭입니다. 여기서 '시민'은 부르주아를 말합니다. 보통 프랑스 1789년 혁명을 '시민혁명'이라고 합니다만, 정확히는 부르주아 혁명인 것입니다. 원제명(*Déclaration des droits de l'Homme et du citoyen*)이 그렇게 되어 있습니다. 그러니까 1789년 선언은 존재를 두 개로 본 것입니다. 하나는 인간이고 다른 하나는 프랑스 시민입니다.

우리 헌법도 어디에서는 '인간'이라고 했다가 어디에서는 '국민'이라고 합니다. 그게 어디에 나오는가? 헌법 제10조에 나옵니다.

□ **헌법 제10조**

모든 국민은 인간으로서의 존엄과 가치를 가지며, 행복을 추구할 권리를 가진다. 국가는 개인이 가지는 불가침의 기본적 인권을 확인하고 이를 보장할 의무를 진다.

'모든 국민', '인간' 이렇게 됩니다. 두 개 다 나오죠? 프랑스나 독일 정부는 자기 나라 국적을 가지고 있지 않음에도 불구하고 그 나라에 와서 아이를 낳으면 그 아이에게 바로 킨더겔트(Kindergeld, 자녀 수당금으로 국가가 지원하는 보조금)를 지급합니다. 왜 그럴까요? 그게 뭐겠습니까? 국민 이전에 인간을 보는 것입니다. 인간의 삶을 독일 정부가, 독일이라는 국가가 보장해주겠다는 것입니다. 우리나라로서는 상상도 할 수 없는 일입니다만, 그렇게 되어 있습니다.

그 인간, 그 국민을 최대한으로 보호하기 위해서 헌법이 할 일이 있습니다. 헌법이 틀을 잡아 놓는 것입니다. 헌법을 영어로 'constitution'이라고 하는데, 'constitute'라는 동사가 '구성하다'는 의미이듯이, 마치 건축하는 것처럼 틀을 잡는 것입니다. 그런데 우리나라는 헌법을 만드는데 좀 급했습니다. 그래서 '인간'이 먼저 나오는 것이 아니라 저 뒤에 나오고, '대한민국'이라고 국가가 제일 먼저 나옵니다. 헌법 제1조를 보면 이렇습니다.

□ **헌법 제1조**

① 대한민국은 민주공화국이다.

② 대한민국의 주권은 국민에게 있고, 모든 권력은 국민으로부터 나온다.

그러면 여기에서 제1조 제1항 '대한민국은 민주공화국이다'를 분해해서 살펴봅시다. '대한민국', '민주', '공화국' 이렇게 3개로 나누어서 보겠습니다.

제일 먼저 '대한민국'입니다. '대한민국'은 우리 국호입니다. '대한민국'은 언제 나왔습니까? 지구상에 대한민국이라는 존재가 나온 것이 정확하게 언제입니까? 1919년에 3·1운동이 있었고 그다음 4월에 상해임시정부가 수립됩니다. 그게 언제냐? 바로 4·13입니다. 바로 이때 지구상에 최초로 '대한민국'이라는 말이 나옵니다. 그래서 우리 헌법의 전문에는 다음과 같이 되어 있습니다.

…유구한 역사와 전통에 빛나는 우리 대한국민은 3·1운동으로 건립된 대한민국임시정부의 법통과 불의에 항거한 4·19민주이념을 계승하고…

'대한민국임시정부의 법통을 계승'한다고 명확하게 선언하고 있습니다. 대한민국 건국일이 언제다? 네, 1919년 4월 13일인 것입니다. 제 이야기가 아닙니다. 헌법 전문이 그렇게 말하고 있습니다. 인터넷을 검색하면 1949년 4월 13일자 관보가 나옵니다. 그 관보에 선명하게 '건국 30년'이라고 되어 있습니다. 이 관보는 연도 표기를 서기로 하지 않고 대한민국 30년이라고 표기함으로써 대한민국 건국의 정통성을 상해임시정부를 수립한 1919년으로 정하고 있음을 알 수 있습니다. 이건 누구도 부정하지 못하는 것입니다. 만약 이것을 부정한다면, 결국에는 헌법을 부정하는 것이고 대한민국을 부정하는 것입니다.

그다음에 '민주'와 '공화국'이 붙어있습니다. '공화국'이 무엇입니까?

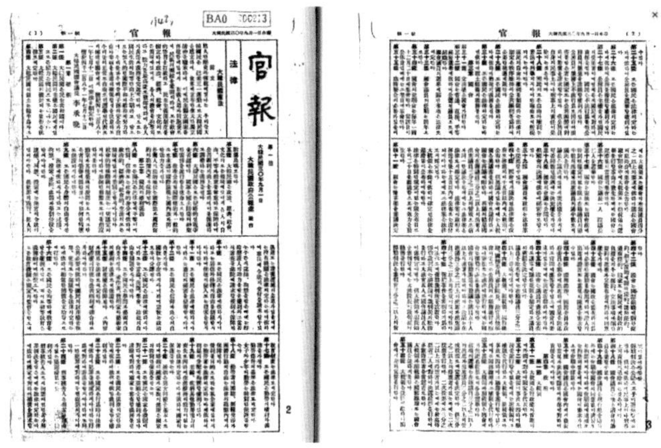

'대한민국 30년 9월 1일'이라고 명시된 1948년 9월 1일자 제1호 관보

딱 한마디로 말하면, '혼자 안 한다'입니다. 내 맘대로 지 멋대로 하지 않는다, 어떤 존재이든 어떤 집단이든 지들 마음대로 하게 두지 않는다, 이것이 바로 공화국입니다.

그런데 우리는 어떤 공화국일까요? 로마도 공화국이었습니다. 그런데 '귀족' 공화국이었습니다. 귀족 공화국도 공화국입니다. 하지만 우리는 그런 귀족 공화국이 아니고 민주 공화국입니다. 모든 국민이 주체가 되는, 엄마의 뱃속에 있는 생명체까지도 주체가 되는 그런 공화국입니다. 그것을 헌법 제1조가 선언하고 있는 것입니다.

헌법에서 규정하고 있는 민주주의는 여러 군데 들어가 있습니다. 하지만 그중에는 들어가서는 안 되는 민주주의도 있습니다. 그게 바로 제8조 제4항입니다. 이 조항이 무엇인지 아십니까? 위헌정당해산 조항입니다.

④ 정당의 목적이나 활동이 민주적 기본질서에 위배될 때에는 정부는 헌법재판소에 그 해산을 제소할 수 있고, 정당은 헌법재판소의 심판에 의하여 해산된다.

이 조항을 두고 있는 나라가 독일 말고는 없습니다. 독일도 사문화 되어 써먹지 않은 지 오래되었습니다. 왜 독일은 이 조항을 두었느냐? 그것은 바로 전체주의 정당을 막기 위해서였습니다. 나치스 정당은 더 이상 허용할 수 없다는 것입니다. 이건 무조건 들어오면 차단한다는 것입니다. 그래서 1952년과 1956년, 이렇게 두 번 해산하고 그 뒤로 지금까지 해산하지 않고 있습니다.

우리나라는 왜 이 조항이 있을까요? 이승만 때문입니다. 1958년 이승만은 진보당을 공보처의 행정처분으로 해산시켰습니다. 그래서 '다시는 이따위 짓 하지 마라'는 의미입니다. 그래서 제8조 제4항을 굳이 해석한다면 '야당 보호 조항'입니다. 약한 야당을 보호하라는 것이지 때려잡으라는 것이 아닙니다.

헌법 제10조는 다음과 같이 되어 있습니다.

□ 헌법 제10조

모든 국민은 인간으로서의 존엄과 가치를 가지며, 행복을 추구할 권리를 가진다. 국가는 개인이 가지는 불가침의 기본적 인권을 확인하고 이를 보장할 의무를 진다.

여기에 나오는 '인간의 존엄과 가치'는 굉장히 중요합니다. 그런데 좀 추상적입니다. 자 보세요. 김승환이라는 사람이 익산에서 오전에 행사하고서 여기 올 거냐 말거냐 하는 것을 누가 결정했습니까? 이것은 김승환 자신이 결정한 것입니다. 제가 오고 싶어서 와야 하는 것입니다. 하지만 어떤 사람이 범죄를 저질러서 법원에서 오라고 하면 가고 싶어서 갑니까? 그것은 강제로 가는 것입니다. 이걸 가리켜서 자기결정이라고 합니다. 인간 존엄에서 핵심은 자기결정입니다. 왜 우리가 자꾸 교육에서 자기결정을 강조하는 것일까요? 바로 인간 존엄 그 속의 핵에 해당하는 것이 자기결정이기 때문입니다. 그래서 우리는 끊임없이 어려서부터 자기결정 하는 훈련을 해야 하는 것입니다.

"엄마, 이거 어떻게 해?"

"네가 결정해."

"아빠, 이거 어떻게 해?"

"네가 결정해."

'시행착오? 겪어!' 이러면서 한 존재가 존엄한 존재로 성장할 수 있도록 계속해서 북돋아주는 것입니다. 가정에서는 부모가 그 기회를 계속 주고 학교에 가면 선생님이 계속 그 기회를 주고, 이러면서 그 존재가 존엄한 존재로 성장해나가는 것입니다. 인성교육진흥법을 만들어 인성교육을 따로 할 필요가 없습니다. 헌법적 인간만 길러내도 인성교육은 반영되는 겁니다.

우리 헌법은 민주공화국을 선언해놓았는데, 이것만으로는 안 되는 거예요. 그래서 어떻게 했느냐? 제119조 제1항에서 이렇게 말합니다.

□ **헌법 제119조**

① 대한민국의 경제질서는 개인과 기업의 경제상의 자유와 창의를 존중함을 기본으로 한다.

많이 들어보셨을 겁니다. '시장경제.' 아마 지긋지긋하게 들으셨을 겁니다. 이 시장경제를 경제학에서는 캐피털리즘(capitalism), 즉 자본주의라고 합니다. 그럼 여기서 질문 하나 해보겠습니다. 우리나라는 자본주의입니까? 우리나라는 '짝퉁' 자본주의입니다. 자본주의가 아주 강조하는 가치가 있습니다. 바로 컴피티션(competition), 경쟁입니다. 그런데 어떤 경쟁이나 허용합니까? 아닙니다. 컴피티션 앞에 수식어가 뭐겠습니까? 네, 바로 페어 앤 프리(fair and free)입니다. '공정하고 자유로운' 경쟁을 하라는 것이지, 강자에게 온갖 특혜를 다주고 약자 것을 뺏어 강자에게 다 주고 하는 것은 경쟁이 아닙니다.

제119조 제2항은 이렇게 되어 있습니다.

□ **헌법 제119조**

② 국가는 균형있는 국민경제의 성장 및 안정과 적정한 소득의 분배를 유지하고, 시장의 지배와 경제력의 남용을 방지하며, 경제주체간의 조화를 통한 경제의 민주화를 위하여 경제에 관한 규제와 조정을 할 수 있다.

유신헌법에는 이 경제조항이 뭐라고 나와 있는가 하면, 경제에 관한 규제와 조정을 '할 수 있다'가 아니라 '한다'라고 되어 있습니다. '한다'와 '할 수 있다'의 차이는 아시는 것처럼, 거기에는 예외를 안 두겠다는 것입니다. 그냥 하라는 것입니다. 그런데 상해임시정부 헌법 말고 해방 되고 나서 나온 헌법에는 제1항이 예외고 제2항이 원칙이었습니다. 많 은 사람이, 특히 극우파들이 제119조 제2항을 못 봐주겠다는 겁니다. 그래서 빨리 없애려고 합니다. 그래서 우리나라의 헌법 개정의 흐름을 보면 왼쪽에서 오른쪽으로 흘러가고 있습니다.

여러분, 민주주의 하면 여러 가지가 있습니다. 국가는 국민의 경제적인 삶에 대해서도 민주주의 원칙이 적용되도록 해야 합니다. 그렇다면, 민주주의 핵심은 뭡니까? 자, 한 개인이 있습니다. 개인은 인간과 국민, 두 개의 신분을 가지고 있습니다. 국가의 의사결정을 할 때는 반드시 뭘 따르라, 뭘 지향해라? 자유와 평등을 지향하라는 것입니다. 누구나 자유롭게 참여하고, 참여는 물론 평등하고, 그래서 그 사람들에 의해서 국가 권력의 담당자가 선출되고, 선출되면 신뢰를 주고, 신뢰를 깨면 거기에 대한 책임을 묻고, 그렇게 하라는 것입니다.

헌법은 여기 계신 분들과 직접 관련이 있습니까, 없습니까? 헌법은 이 순간에도 말하고 있습니다. '모든 국민', 즉 당신이라고 합니다. 다른 사람이 아닌 바로 당신. '내'가 계속해서 헌법에 시선을 두고 관심을 줘야 합니다.

우리 헌법은 만들어지긴 잘 만들어졌습니다. 그런데 문제는 잘 안 지킨다는 것입니다. 누가 안 지키느냐? 힘 있는 사람들이 안 지킵니다. 그래서 늘 헌법에 관심을 갖고 시선을 주고, 그러면서 이 헌법이 계속해서 생명력을 발휘할 수 있도록 하는 것은 바로 주권자의 범주에 들어가는, 헌법을 제정하고 개정하는 그 범주에 들어가는 바로 나 자신에게 있습니다. 그러므로 헌법을 외면하지 말기를 바랍니다. 감사합니다.

10

교육을 위한 마술
Magic For Education

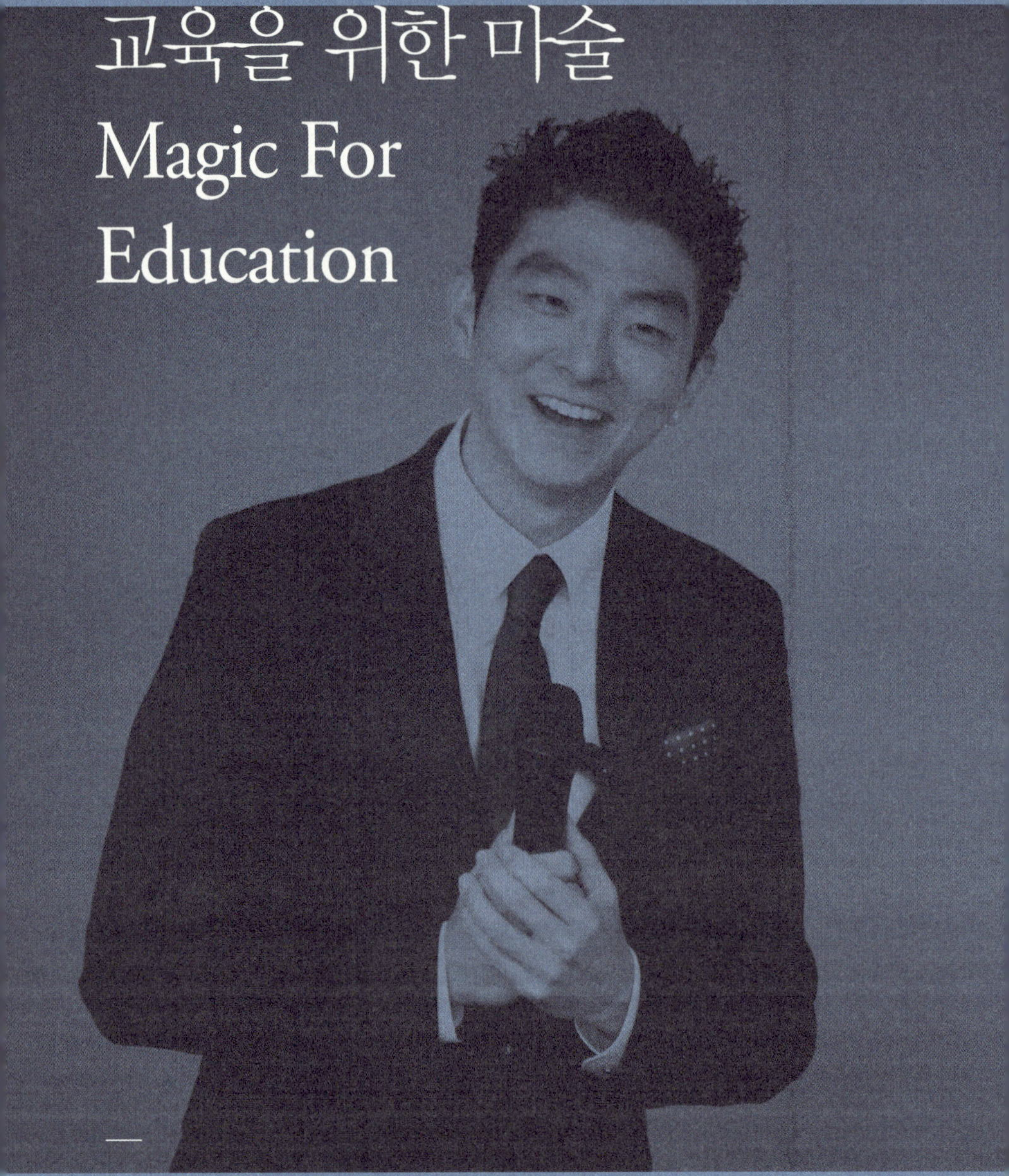

■ 김택수(인천 발산초등학교 교사)

마음을 움직이는 예술로 소통하기

안녕하세요! 저는 마술로 아이들과 행복한 수업을 꿈꾸는 선생님, 김택수라고 합니다. 여러분에게 마술이 갖는 어떤 교육의 목적이나 목표를 설명해 드리려고 이 글을 쓰는 것이 아닙니다. 선생님이 지금 이 글에 주고 있는 시선, 이러한 시선을 교실에서는 바로 집중이라고 할 수 있겠죠. 저는 이 점을 수업에 활용합니다. 마술이 가지고 있는 가장 큰 힘은 일단 학생들이 선생님의 말에 귀를 기울인다는 점입니다. 그 힘을 가지고 내가 할 수 있는 이야기를 잘 전달할 수 있다면 긍정적으로 쓰일 수가 있겠죠. 이 글은 바로 그 놀라운 힘에 대한 이야기입니다.

제가 '교사가 만들어가는 교육 이야기' 두 번째 자리에 연사로 초대받았을 때 실천교육교사모임에서 저에게 20분이라는 시간을 주셨어요. 공연하는 시간과 강연하는 시간을 합쳐서 말이죠. 그리고 그 자리에 함께하신 선생님이 약 200명이라고 들었습니다. 그 200분의 선생님이 저에게 주신 시간은 한 분마다 20분씩, 무려 약 4,000분이라는 시간을 주신 거죠. 그 소중한 시간 속에서 나누었던 이야기를 지금 하고자 합니다.

택쌤은 누구?

저는 이화여자대학교부속병원에서 태어났습니다. 3.8kg에 육박하는 우량아였죠. 다복한 가정에서 태어난 저는 막내아들로서 행복한 어린 시절을 보냈습니다. 사진을 보니 참 잘 웃고 있죠?! 제 인생철학의 기본 바탕은 행동심리학입니다. 행동심리학은 반드시 특정 학설이나 입장을 가리키는 것이 아니고, 행동의 연구를 주제로 하고 객관적인 관찰법을 이용하는 것을 특징으로 하는 심리학 전체를 가리킵니다. 미국의 철학자 윌리엄 제임스(1884)는 다음과 같이 말했습니다. '어떤 성격을 원한다면 이미 그런 성격을 가지고 있는 사람처럼 행동하라.' 그리고 '행복해서 웃는 게 아니라 웃어서 행복한 것이다'라는 말처럼 표정만이 아니라, 움직이고 말하는 등 행동의 모든 요소가 감정에 영향을 끼친다고 생각했습니다. 따라서 행복한 기억을 떠올리지 않아도 자주 웃고 밝은 목소리를 내면 행복한 감정이 드는 신기한 경험을 하게 되는 것이죠. 이런 생각이 어린 시절부터 지금까지 저와 함께한 것 같습니다.

중학교와 고등학교를 무사히 잘 보내고 방송국 프로듀서가 되고 싶었던 저는 경인교육대학교에 진학하게 됩니다. 방송국 프로듀서가 되고 싶었던 아이가 교대에 진학하다니! 진로를 제대로 잘못 선택한 것이죠. 첫 단추를 잘못 끼우다 보니 학교생활이 즐겁지 않았습니다. 그러던 중 대학교 2학년 교생실습기간이 다가왔습니다. 처음 아이들을 마주하던 제 모습이 생각납니다. 여기는 어디? 나는 누구? 그런 생각을 하던 저는 처음 며칠은 참 힘들었습니다. 그런데 차츰 아이들과 함께 지내면서 조금씩 아이들에 대해 궁금해지고 아이들이 좋아하는 활동을 고민하고 준비하게 되었습니다. 그러한 과정을 겪으면서 제가 아이들을 참 좋아한다고 느꼈습니다. '내가 아이들을 좋아하는 구나!' 하고 말이죠.

이렇게 경험은 한 사람의 진로를 결정하는 데 큰 역할을 한다는 것을 새삼 깨달았습니다. 그 실습 경험을 토대로 전 진심으로 선생님이 되고 싶어졌으니까요.

택쌤, 마술에 빠지다

대학교 4학년, 저는 열심히 임용고시를 준비해야 함에도 불구하고 학교 현장에서 아이들과 즐겁게 보내고 싶은 다양한 방법에 관심이 더 많았습니다. 그래서 대학교 시절 국악동아리인 '풍류회' 활동도 열심히 하고 봉사활동에도 시간을 내서 참여했습니다. 그러던 중 신촌의 한 마술 카페에 가게 되었습니다. 그곳에서 몇 가지 마술을 직접 보게 되었죠. 내가 선택한 카드가 천장에 붙어있고, 마구 찢은 신문지가 다시 붙어서 나오는 현상을 보면서 환상의 나라에 들어 선 기분이었습니다.

왼쪽 가슴이 얼마나 뛰던지 그때의 흥분과 설렘은 말로 표현하기 힘들었죠. 흥분한 목소리를 감추지 못하고 마술사에게 말했습니다.

"마술을 정말 배우고 싶습니다."

"네~ 가르쳐 드리죠."

"와~ 감사합니다. 어떻게 하면 될까요?"

"네~ 한 달에 35만 원입니다."

당시 한 학기 등록금이 약 90만원 정도였습니다. 한 달에 35만 원은 제게 매우 큰돈으로 감당하기 힘든 액수였습니다. 그래서 그 자리에서 바로 무릎을 꿇고 이렇게 말했습니다.

"마술을 정말 배우고 싶어요. 그런데 말씀하신 비용을 감당하기가 힘든 상황이네요. 다른 방법이 없을까요?"

마술사는 잠시 고민하더니 저를 그 마술카페의 문하생으로 받아주었습니다. 즉, 마술을 배우고 지불해야 하는 비용을 그 카페에서 화장실 청소를 하고 허드렛일을 하는 것으로 대신했습니다. 그렇게 저는 매일 조금씩 마술을 전문적으로 배웠습니다. 여러분도 아시죠? 정말 좋아하는 일을 하게 되면 아무리 힘든 일도 웃으면서 하게 된다는 사실을요.

마술? 교육마술?

여러분은 마술을 무엇이라 생각하세요?! 사기? 속임수? 혹은 밑장빼기 기술? 잠시 글 읽기를 멈추고 한 번 생각해보세요. 내가 생각하는 마술은 어떤 마술일까? 하고 말이죠.

국어사전에서 찾아보면, 마술(魔術, Magic)이란 '재빠른 손놀림이나 여러 가지 장치, 속임수 따위를 써서 불가사의한 일을 하여 보이는 술법. 또는 그런 구경거리'라고 말합니다. 또한 '상식적인 판단으로는 불가능하다고 생각되는 기묘한 현상을 엮어내는 솜씨나 그러한 기능'을 일컫습니다. 이에 반해 교육마술(Magic for Education)이란 '교육을 위한 마술'을 뜻하며, 교육전문가가 학생들의 학습 목표 달성을 위하여 마술을 교육에 활용하는 것을 말합니다. 이는 마술을 이용한 단순주의집중 및 동기유발 등을 통하여 학습 흥미를 불러일으키는 것뿐만 아니라, 마술이 지니는 원리 및 연출을 탐구하는 과정을 교육에 끌어들여 교육내용과 마술을 접목시킨 새로운 교수방법을 일컫습니다('이야기로 풀어가는 마술 수업', 김택수, 티처원 & 아이스크림 원격교육연수원, 2008.6).

이처럼 마술과 교육마술은 그 목적과 쓰임이 조금 다릅니다. 이렇게 마술을 배우면서 '지금 배우고 있는 마술을 교육에 접목해 보면 어떨까' 하고 생각했습니다. 그때부터 제가 알고 있는 마술과 초등학교 교육과정에 적용이 가능한 교과와 관련한 차시를 추출해서 마술수업 과정안을 작성하기 시작했습니다.

그렇게 만든 마술수업 과정안이 현재 약 100차시 정도가 되네요. 과정안에는 마술에 대한 연출 및 해법 그리고 이 마술을 활용해서 적용할 수 있는 관련 단원들이 적혀 있습니다.

예컨대 수업과정의 흐름을 도입, 전개, 정리라고 했을 때 수업의 동기유발에 마술을 하겠다고 계획을 세우면 도입 부분에 ⓜ 마크(Magic의 첫 글자를 딴 마크)를 활동 요소에 둡니다. 그 마크를 보고 마술수업이 진행된

다는 것을 알게 되는 것이죠. 따라서 마술을 배우고 난 후 교육마술수업
과정안을 보면 여러분도 놀라운 마술수업을 할 수 있습니다.

Magic teacher 교수 · 학습 과정안

(3)학년   **Magic teacher**

단 원		3-2-2. 빛의 나아감	차 시	2/6	교과	과학	지도교사	김백수
학습주제		다양한 방법으로 물체에 빛을 비추어 보기	마술명					눈 앞에서 동전이 사라지는 마술
준비물	교사	색도화지, 풀, 가위, 투명한 유리컵, 동전, A4 종이로 만든 원기둥, 실물화상기	마술내용 요 약					눈 앞에서 동전이 사라지는 마술을 이용하여 빛이 어떻게 나가는지 유용하게 설명할 수 있다.
	학생	유리병, 필통, 은박접시, 셀로판 테이프, 검정 테이프, 편지봉투, 투명한 편지봉투,	참 고					

활동단계	활동요소	교 수 · 학 습 활 동	시간	자료(※) 유의점(♣) 시연상 유의점(☆)
도 입	동기유발 ⓜ	◆ 전시학습 상기 및 교육마술 시연 T : 색도화지에 동전 한 개가 올려져 있네요. 이제 종이를 동그랗게 말아 원기둥을 만들게요. 원기둥 안에는 아무것도 없죠? 이 원기둥으로 컵을 감싸겠습니다. 종이로 감싼 컵을 동전 위로 가져가 동전을 덮어 볼게요. 자. 하나, 둘, 셋! 원기둥을 들어 올리니 동전이 사라지고 없네요. 과연 그 동전은 어디로 간 걸까요? 　자, 지금부터 빛이 통과하는 물체와 통과하지 않는 물체를 알아보고 이 마술의 비밀도 알아보도록 하겠습니다.	5′	※색도화지, 동전하나, 투명한 유리컵, 동전, A4 종이로 만든 원기둥 ☆ 동전을 덮을 때에는 동전이 확실히 가려질 수 있도록 덮는다. ☆ 학생들이 동전이 어떻게 되는지 유심히 살펴볼 수 있도록 실물화상기 등을 이용하여 시연하기
	학습목표 확 인	* 빛이 통과하는 물체와 통과하지 않는 물체를 구분하고 적절한 용도를 말할 수 있다. * 빛을 비추는 방향에 따라 물체가 다르게 보임을 말할 수 있다.		
전 개	활동전개	◆ 투명한 물체와 불투명한 물체의 정의 – '투명하다/불투명하다' 라는 말을 들어본 적이 있습니까? 우리는 어떤 물체에 이런 말을 쓸까요? – 이러한 물체의 예를 들어봅시다. ◆ 투명한 물체와 불투명한 물체의 구분하기(활동1) ◆ 투명한 물체와 불투명한 물체 탐색(활동2) – 주변에서 투명한 물체와 불투명한 물체는 무엇이 있을까요? 가능한 많은 물건을 떠올려보고 그 쓰임새와 좋은 점을 말하여 봅시다.	5′ 10′ 15′	♣학생들에게 이미 익숙한 말이므로 새로운 용어도입 이라기 보다는 용어의 정의를 명확히 짚어본다는 관점으로 접근한다. ※ 유리병, 필통, 은박접시, 필통, 셀로판 테이프, 검은 테이프, 편지봉투, 투명한 편지봉투
정 리	정리 정본	◆ 빛의 방향에 따른 물체의 모양 변화 T : 물체의 모양이 때에 따라 다르게 보이는 까닭은 무엇입니까? ◆ 차시예고	5′	♣ 목표를 염두에 두고 발문하며 그에 적절한 대답을 유도한다.

| ① 색도화지에 동전 1 개와 투명한 컵을 올려 놓는다. | ② 종이로 만든 원기둥으로 컵을 감싼다. | ③ 종이로 감싼 컵을 동전 위로 가져가 동전을 덮은 뒤, 원기둥을 들어 올리면 동전이 사라지게 된다. |

마술 트릭 설명

| ① 이 마술의 비밀은 투명한 유리컵 입구에 색도화지와 똑같은 도화지로 비밀 뚜껑을 만들어 놓는 것이다. | ② 비밀 컵은 항상 색도화지 위에 올려져 있어야 하며, 비밀 컵을 이동 시킬 때에는 반드시 종이로 만든 원기둥으로 감싸 쥔 후에 이동해야 한다. | ③ 원기둥을 들어 올리면 동전이 사라지게 되는 것이다. |

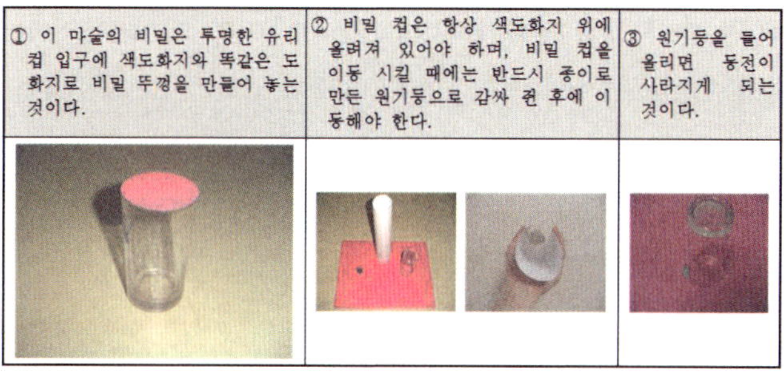

지도상 유의점

① 바닥에 놓일 색종이와 컵에 붙인 색종이는 무늬, 색상, 재질 등이 반드시 동일해야 합니다.
② 컵 입구에 붙인 색종이는 밖으로 빠져 나와서는 안 됩니다. 풀칠이 잘 되어 있어야 하는 것도 잊지 않아야 한다.
③ 컵으로 동전을 덮을 때는 동전이 완전히 보이지 않도록 해야 한다. 그렇지 않으면 원기둥을 들어 올렸을 때 동전이 보일 수 있기 때문이다.

마술수업 과정안 2

좋은 교사, 좋은 수업이란?

　학기 초 수업 시작 5분전, 아이들이 내 앞에 앉아있습니다. 아이들은 기대에 찬 눈으로 교사인 나를 바라보는데, 그 기대에 부응하려는 내게 아이들의 시선은 때론 부담스럽고 마주하기 힘든 눈빛으로 다가오죠.

　선생님이라 일컫는 모든 사람이 늘 고민하고 늘 연구하며 늘 해답을 쫓으려는 것. 그리고 아이들의 기대에 찬 눈빛에 따뜻한 마음과 전문적 소양으로 화답할 수 있는 것. 그것이 바로 '좋은 교사' 또는 '좋은 선생님' 그리고 '좋은 수업'이라 생각합니다. 마치 풀리지 않는 숙제처럼 아이들과 마주하는 매 순간 그 해답을 찾기란 결코 쉬운 일이 아니죠. 하지만 지금까지 교사로서의 부족한 내 모습과 수업을 돌이켜 반성해 보면 그 안에서 '좋은 교사'와 '좋은 수업'의 일면을 찾을 수 있지 않을까 생각해봅니다.

　2002년 6학년 한 학급의 담임교사로 재직할 당시, 수업 중에 자는 아이, 주의가 산만한 아이, 망설임 없이 욕을 맛깔스럽게 하는 아이와 통제되지 않는 아이들 속에서 전 그저 교과서 진도 빼기에 급급한 교사였습니다. 이때 가장 힘들었던 한 아이가 있었습니다. 어머니가 일본인이었던 그 아이는 어린 시절을 일본에서 보내고 다시 한국으로 돌아와 초등학교에 입학했습니다. 아이는 다른 아이들과 의사소통이 어려웠습니다. 그런 가운데 반 아이들은 일본에서 온 매국노라며 그 아이를 놀려댔습니다. 이에 그 아이는 지나친 폭력으로 대응했고 대화보다는 힘으로 문제를 해결하려고 했습니다. 그런데 문제는 그 아이가 아니라 바로 교사인 저였습니다. 이러한 상황에서 저 또한 폭력적 행동을 바로 잡겠다는 명목으로 그 아이를 체벌했던 것이죠. 또 다른 폭력이 학습되는 순간이었습니다. 지금 돌이켜 보면 저는 좋은 선생님이 아니었습니다. 어떠한 이유에서도 체벌은 정당화되지 않음을 그때는 왜 몰랐을까요.

그렇다면 좋은 교사, 좋은 선생님이란 어떤 사람일까요? 말 그대로 풀이하자면 좋은 성품으로 아이들을 가르치는 사람을 말하는 것이죠. 그렇다면 좋은 성품은 어떤 성품을 말하는 것일까요? 사랑, 배려, 인내, 용서, 정직, 용기, 지혜 그리고 무엇보다 역지사지의 마음으로 아이들의 마음을 헤아리려는 선생님이 바로 좋은 교사(선생님)일 것입니다. 저는 그때, 그 아이의 가정환경과 폭력적 행동을 하는 아이의 마음을 좀 더 이해하려고 노력해야 했습니다. 그랬다면 적어도 또 다른 폭력을 통해 아이에게 상처를 주진 않았을 테니까요. 가르치려하기 전에 먼저 아이의 마음을 헤아렸어야 했다는 후회가 남습니다.

그런 시행착오를 겪은 뒤 지금은 아이들의 마음을 들여다보기 위해 다양한 활동을 합니다. 그중에서 단연 의미 있고 기쁜 활동이 바로 '글똥누기'입니다. '글똥누기'는 초등참사랑의 이영근 선생님의 소개로 11년 동안 특별한 학교 행사를 제외하고는 매일 아침 아이들과 함께하는 활동입니다. 아이들이 등교를 하면 글똥공책(줄글공책)에 한두 줄 정도 자기 생각이나 감정 상태를 글로 쓰는 것입니다. 글똥누기의 주제는 아이들의 '삶'입니다. 매일 조금씩 아이들의 삶을 엿보려는 '좋은 교사'가 되기 위한 의지가 담긴 활동이죠. 30여 명에 달하는 아이가 쓴 글에 저는 매일 댓글을 달아 줍니다. 그 댓글을 통해 아이들의 삶을 직접적으로 마주하고 이해하려고 노력하는 것이죠.

'좋은 교사'가 '좋은 수업'을 할 수 있는 것은 틀림이 없을 것입니다.

하지만 좋은 수업을 하기 위해서는 객관적으로 나의 수업을 면밀히 분석해보는 것도 한 방법이겠지요.

재미있는 수업을 해야 된다고 생각했던 저는 마술을 배워서 수업을 진행했습니다. 아이들은 마술을 보면 매우 즐거워했습니다. 호기심을 자극했기에 아이들이 수업에 빠져드는 듯했습니다. 하지만 거기까지였습니다. 계속해서 마술을 보여 달라는 아이, 마술을 보여 주지 않으면 금세 관심을 두지 않는 아이가 나타났습니다. 수업의 진전이 없었습니다. 게다가 교육과정과 전혀 상관없는 비둘기 마술이라니. 저의 수업은 교육적 효과를 얻기 힘든 단순 놀이 시간에 불과했던 것입니다.

이와 같은 잘못된 수업을 개선하고자 배운 마술과 1학년부터 6학년까지 교육과정 공부를 다시 시작했습니다. 알고 있는 일반 마술과 관련된 단원을 찾아서 새로운 교수·학습 과정안을 약 100차시 정도 새롭게 만들고 수업에 적용했습니다. 예컨대, 책 한 권을 가지고 빈 백지, 한자, 한글을 모두 보여줄 수 있는 훈민정음 마술(국어), 신문지를 네모로 오렸지만 펼치면 전개도가 나오는 신문지 도형 마술(수학), 작은 종이 9장으로 아이들이 생각한 사회 주제를 알아맞힐 수 있는 A4 종이 찢기 마술(사회), 탄성을 이해하고 체험할 수 있는 고무줄 마술(과학)과 현재진행형 표현과 직업을 묻고 답할 수 있는 센터프레임 마술(영어) 등을 개발했습니다. 마술이 주가 아닌 학습 목표에 도달할 수 있는 수단으로써의 마술을 활용하기에 이르렀습니다.

이처럼 '좋은 수업'이란 앞서 말한 '좋은 교사'가 학습 내용을 미리 숙지하고 아이들이 학습 목표에 도달할 수 있도록 도와주는 수업이라 말할 수 있을 것입니다. 어떤 특정한 한 가지 방법이 모든 수업 방법을 대

2016년
3/17 목

방송부라는 애요 감상 늦게 되서 죄송합니다.

→ 학교일 때문에 그건 어기니까 괜찮아~

우리 윤채 글 보면 좀 애워바르게 말해주니

선생님이 더 고마워~^^

2016년
3/18 금

저 학부모 총회 때문에 수업끝나고 빨리 방송실 가야되요 ㅠㅠ

엄청 피곤해요 >< 실수하면 어찌요?   바쁘네 ~우리 윤채 ~*
↓
선생님이 응원할게~ 그리고 실수해도 괜찮아~^^

4/1

어제 태양의 후예 못 봤는데 선생님은
보셨어요? 내용이 어떻게 되요?

송중기가   송혜교   구해서   알콩달콩 ㅋㅋ

4/4 월

제가좋아 하는 꽃은 실용이가능한 (진달래)다.

ㅇㅋ~ 진달래 화전도 좋지~* ^^

4/5

아 시간표 보니까 (힘빠져요 ㅠㅠ) 제육이
없다니 그래도 선생님이랑 수업해서 좋아요!

ㅋㅋㅋ 선생님도 우리 수민이랑 같이 수업할 수 있어서 좋다~*

수민이 덕분이 선생님도 가분 정말 좋다" ^^v

글똥쓰기

신할 수는 없지만, 좋은 교사는 교육에 관한 전문적인 소양을 갖추고 끊임없이 연구하며 학습자의 입장에서 이해하고 노력하는 자세로 아이들을 가르치고 안내해야 한다고 생각합니다. 이는 분명 '좋은 수업'을 하는 데 한 걸음 다가가는 기회가 될 것이며 좋은 수업 방법이 되리라 생각합니다.

S.T.E.P의 정의

저는 올해로 마술을 16년째 교육에 활용하고 있습니다. 그 시간 동안 마술이 어떻게 교육에 활용되고 어떤 과정을 거쳐 아이들에게 긍정적인 영향을 주는 지에 대해 호기심을 가지고 열심히 공부했습니다. 그 과정을 살펴보니 S.T.E.P이라는 절차를 거치는 것이 아닐까 생각했습니다.

S.T.E.P(스텝)이란 마술이 갖고 있는 특수성을 이용하여 학생의 마음을 움직여 올바른 실천을 유도하는 또 하나의 교수과정을 말합니다. 마술은 일단 모든 아이에게 신기함과 놀라움(Surprising)을 느끼게 할 수 있습니다. 이는 학습자인 학생들로 하여금 눈앞에서 벌어지는 현상에 대하여 긍정적인 믿음(Trust)을 갖게 합니다. 그 기회는 학생들의 마음(Emotion)을 움직여 말을 하는 사람, 즉 교수자인 교사의 말에 귀 기울여 마음의 문이 열리도록 도와줍니다. 이러한 긍정의 믿음과 감정을 토대로 올바른 실천(Practice)으로 유도하고 소통하고자 하는 것입니다. 즉, S.T.E.P(스텝)은 Surprising, Trust, Emotion, Practice의 준말로 다음과 같은 단계를 갖게 됩니다.

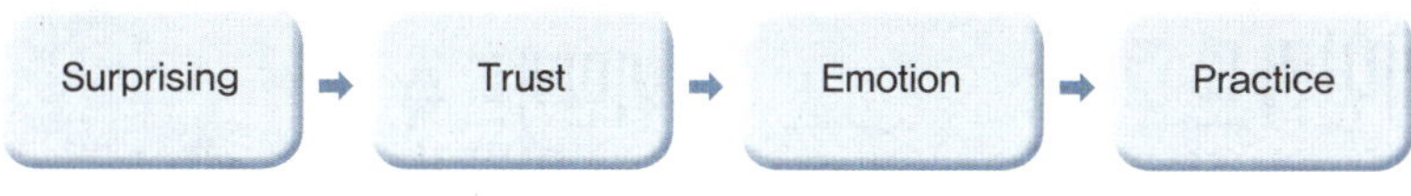

〈S.T.E.P Magic(스텝 매직)의 과정〉

이 글을 읽는 여러분도 마술과 함께하는 S.T.E.P 과정을 통해 아이들의 마음을 들여다 보는 기회와 경험을 나누었으면 합니다.

위인카드, 제품이 작품이 되다

저는 외교부 산하 기관인 재외동포재단에서 해외 한글학교 파견 강사로 활동하고 있습니다. 5년 동안 각국의 한글학교 선생님들을 만나며 한국어와 한국 문화 그리고 한국 역사에 대해 현지에서 한글을 가르치는 선생님들과 함께 공부하고 연구하는 일을 하고 있습니다. 그 시간 속에서 한국 역사 교육에 대한 어려움을 알게 되었습니다. 이유는 제2, 제3의 해외동포 아이들이 한국어를 모국어로 배우지 않기 때문이었습니다. 영어와 해외 언어가 훨씬 편한 아이들이었던 것이죠. 그 아이들에게 한국의 역사를 가르쳐주고 싶었습니다. 그 일은 민족의 뿌리와 정체성을 찾는 일이기 때문입니다.

현지 언어를 모국어처럼 사용하는 아이들에게 한국 역사를 가르치는 방법은 바로 그림으로 접근하는 것이었습니다. 그래서 만들어진 교육마술자료가 '위인카드'라는 작품입니다. 선후배 선생님들과 마술사분들이

위인카드

보시기에 부족한 점이 많겠지만, 3년 동안 정말 최선을 다해서 만들었습니다.

시중의 한국사와 위인 관련 책들을 구입해서 공부하고 전문 일러스트레이터를 찾아다니고 그림과 내용에 대한 감수를 받고 그 과정에서 EBS 대표 강사인 최태성 선생님과 여러 역사 관련 선생님들에게 계속해서 문의하며 최대한 오류가 없도록 하려고 많은 노력을 기울였습니다.

여러분은 지금 '이 친구가 물건을 팔려고 하네?'라고 생각하실지 모르겠습니다. 하지만 그런 이유에서 위인카드를 소개하는 것이 아닙니다. 단지, 이 카드에 담긴 생각을 함께 나누고 싶어서입니다. '누구에게 나

눌 것인가? 누구를 위해 준비하고 만들 것인가?' 그 질문 안에 여러분의
노력과 실천이 가미된다면 분명 그 자료는 '제품'이 아니라 '작품'이 될
것이라는 강한 믿음이 있습니다. 비록 작은 카드이지만, 전 세계의 동포
아이들과 대한민국의 아이들이 좀 더 쉽게 한국의 역사에 관심을 갖고
즐겁게 배우면 좋겠습니다.

전국교사미술교육연구회 S.T.E.P MAGIC으로 함께 성장하기

전국교사미술교육연구회 S.T.E.P MAGIC(이하 스텝매직)은 유, 초, 중,
고등학교 학생을 대상으로 하는 교육미술을 통한 교수학습 방법을 개발
하는 모임입니다. 더불어 미술을 활용한 수업과정안 및 교육미술 도구
를 개발하는 한편, 미술수업을 통해 느끼는 감정과 생각을 나누는 현직
선생님들의 자발적인 연구모임입니다.

이 모임은 전국의 교육연수원 1정 강연을 다니며 만난 선생님들의 좀
더 다양하고 실제적인 교육미술수업 활용에 대한 요구로 만들어졌습니
다. 남양주 송라초등학교에서 근무하는 조상희 선생님과 함께 끊임없는
고민과 대화 끝에 구체적인 연구모임에 대한 그림을 그렸으며 인디스
쿨, 페이스북, 쿨메신저를 통해 전국 각지에서 약 100명의 선생님이 신
청하셨습니다. 그분들 가운데서 2015년 스텝매직 1기는 10명(인천발산
초 김택수, 남양주송라초 조상희, 파주심학초 최정웅, 안산능길초 정윤진, 남양주금곡
초 조영규, 포천송우초 유지선, 인천검암유치원 서한샘, 대전진잠초 김민균, 안산양지
초 김설, 경기구름산초 김규은), 2016년 스텝매직 2기는 12명(울산반천초 김유

스텝매직 1기

스텝매직 2기

찬, 서울신상도초 홍호선, 김포유현초 서진혁, 인천인성초 박종한, 조치원신봉초 정광호, 오산원일초 이지민, 서울원광초 박소영, 인천은봉초 한지선, 대구구지초 남연지, 서울삼릉초 이동윤, 온양천도초 이신희, 군산수송초 이혜림), 이렇게 총 22명의 선생님이 현재 활동하고 있습니다.

스텝매직 선생님들과 함께한 지금까지의 활동을 살펴보면 다음과 같습니다. 약 40～50가지의 수업마술을 배우는 한편, 연 1회 이상 전국 각지에서 마술공개수업을 했습니다. 한국아카펠라교육연구회의 한승모 선생님과 행복교실의 정유진 선생님 그리고 전라북도교육청 김성효 장학사님과의 자율연수 및 이야기 나눔 등의 시간을 가졌으며, 이듬해 대전과 전주에서 조상희 선생님과 김민균 선생님과 함께 전국교육마술콘서트를 개최하여 학급에서 바로 활용이 가능한 수업마술과 교육 방법 등을 나누었습니다.

더불어 스텝매직과 형제모임인 '참샘의 콘텐츠스쿨'(참샘스쿨)과의 합동 세미나를 개최하여 자율 연구모임들의 협업과 함께할 수 있는 일에 대해 고민하고 의미 있고 가치 있는 일에 서로 힘을 보태기로 했습니다.

스텝매직과 참쌤스쿨의 합동세미나

그 일환으로 2016년 2월 17일, 스텝매직과 참쌤스쿨 그리고 한국아카펠라교육연구회가 주관하는 문화예술&인문학 콘서트를 개최하게 되었습니다. 새 학기를 준비하는 선생님들을 위한 자리, 교사가 준비하고 교사가 즐기는 우리들의 잔치, 선생님들이 콘서트와 강연으로 즐기는 자리, 아이들을 만나기 위한 생각을 새로이 갖는 자리, 약간의 수업 방법을 배우는 자리를 마련하게 이르렀습니다.

정말 많은 분과 단체(인디스쿨, 에듀니티, 티처빌, 쿨타운, 티셀파, 스쿨이벤트 등)가 아무런 대가 없이 후원해주시는 한편, 연구모임 선생님 모두 제 일처럼 여기며 즐겁고 의미 있는 시간이 되도록 부단히 애를 썼습니다. 이날, 전국 각지에서 모인 선생님이 무려 300명. 소중한 시간 함께해주신 이 땅의 수많은 선생님에게 다시 한 번 감사의 말씀 올립니다.

이 많은 일을 저 혼자였다면 절대로 할 수 없었겠죠. 혼자가 아닌 우리였기에 더 의미 있고 가치 있는 일을 함께할 수 있었고 앞으로도 잘할

수 있을 거란 기대와 희망이 있습니다. 스텝매
직은 한 층 더 성장하는 모습으로 아이들 그리
고 선생님들과 함께 행복한 시간을 나누는 시
간을 가지려고 합니다. 감사하고 고마운 마음
으로 겸손하게 배우고 열심히 나누겠습니다.

스텝매직, 사귀는 기술,
마술로 마음열기

　마술 그 자체가 목적이 아니라 마술을 통해
아이들과 소통하고 이야기 나누는 것, 마술처럼 행복한 교실을 가꾸는
것, 마술 그 이상의 가치를 위해 연구하며 성장하는 우리의 모습을 기대
해봅니다.

우리는 선생님

　사람은 누구나 힘들고 어려운 일을 겪습니다. 저 또한 사랑하는 가족
의 암 선고 소식과 차량 전복 사고까지 정말 견디기 힘든 시간이 있었습
니다. 차량사고로 움직이지 않는 왼쪽 팔다리 때문에 나쁜 생각까지 한
적이 있습니다. 살고 싶지 않았습니다. 그렇게 기도를 한 적도 있습니
다. 모두 그만하게 해달라고.

　하지만 기도와는 반대로 사랑하는 가족의 암 수술은 다행히 잘 되었
고 움직이지 않던 팔다리도 열심히 재활치료 받아서 지금은 건강하게
움직이며 이렇게 글을 쓸 수도 있게 되었습니다. 마치 기적처럼 말이죠.

　여러분은 삶의 이유나 존재에 대해 어떻게 생각하시나요? 저는 많은
어려운 일을 겪으면서 제가 존경하는 최태성 선생님께서 대신 전해 준

문화예술&인문학콘서트 '마음 들여다보기'

독립운동가 이회영 선생님의 말씀이 떠올랐습니다.

한 번의 젊음, 어떻게 살 것인가?
내 인생에서 가장 젊은 지금, 바로 오늘.

이 질문에 대한 대답을 위해 오늘도 열심히 아이들과 함께 마술처럼 행복한 시간을 꿈꿉니다. 그 꿈은 저에게 주어진 또 한 번의 소중한 삶이니까요.

끝으로 '우리는 교사다'라는 글로 제 이야기를 마무리하려 합니다. 우리 모두가 이 땅의 행복한 선생님이 되길 진심으로 바랍니다.

우리는 교사다 _ 매직티처 김택수

수많은 직업 중에서
당신이 선택한 교사라는 직업

단신은 어떤 교사입니까?
학부모님께 인정받는 교사입니까?

수업의 달인이십니까?
저도 진정한 선생님이 되고 싶습니다.

그러나 넘쳐나는 잡무들

월급은 박봉

짱구 같은 이 녀석들

정색하지 않을 수 없습니다.

그만두고 싶어 울기도 합니다.

그래도 아이들을 보면 즐겁습니다.

슈퍼맨 같은 교사는 될 수 없지만

비바람 정도는 막아주고 싶습니다.

색안경 끼고 아이들을 보지 않겠습니다.

편견으로 아이들을 판단하지 않겠습니다.

내게는 쉬운 계단이

아이들에게는 에베레스트 산일 수도

내가 건네는 작은 칭찬이

아이들에게는 큰 선물일 수도…

100점짜리 아이들을 기대하기 보다는..

웃음으로 빛나는 아이들이 되기를..

번뜩이는 기발함이 있기를

유쾌한 창의성이 넘치기를…

학교에 오는 것이 즐겁기를…

나 역시 기쁠 수 있기를…

나는 그저…

행복한 교사이고 싶습니다.

교사가 행복해야 아이들도 행복합니다.

우리 모두 행복해집시다!!

3장

꿈꾸자

우리 나눈 이야기, 씨앗이 되어

■ 정유진(세종 온빛초등학교 교사)

교사독립선언

오늘 이후 언젠가 온빛초등학교 체육관이 아니라 일산 킨텍스에서 전국의 모든 외로웠던 선생님들이 모여서 교육의 권력을 교육부, 사범대, 교육대에서 빼앗아 오는 그 날을 기대하며 오늘의 첫 번째 이야기를 마치겠습니다.

2015년 7월 11일 세종 온빛초등학교 체육관, 전국에서 모인 300여 선생님과 함께 첫 연사인 권재원 선생님께서 교사 독립을 선언하였습니다. 지금까지 교육부, 대학, 교육청의 하부조직인 학교의 구성원으로서, 시키는 일을 제대로 하기 위해 노력해왔던 교사들이 교육의 권력을 되찾아 오겠다고 선언한 것입니다. 하부조직의 구성원으로서의 교사가 아니라 교육의 중심으로서 교사로 바로 서는 것을 선포한 자리였지요. 뒤이어 1부 사회자인 저는 다음과 같이 이야기했습니다.

오늘 발표하신 선생님들 말고 여기 계신 선생님 중에서 자신의 실천 이야기를 나눌 수 있는 그런 장이 계속 펼쳐지기를 바랍니다.

현장 교사들의 강렬한 바람과 몇몇 선구자로 인해 촉발된 이 만남은 계속되어야 합니다. 계속 만나고 이야기 나누며 함께 성장해야 합니다. 이후 첫 모임의 이야기는 『교사독립선언』이라는 책으로 세상에 나왔고, 10월 31일 전북교육연수원에서 우리는 다시 만났습니다. 두 번째 만남을 위한 회의에서 1부는 연사들의 이야기, 2부는 참가한 모든 선생님의 이야기로 진행하기로 했고 제가 2부 사회를 맡게 되었습니다. 이때부터 저는 깊은 고민에 빠졌습니다.

교사, 교육의 중심에 서다

교사가 정말 교육의 중심에 선 걸까요? 아직 완전히 섰다고 느껴지지는 않지만, 중심에 서고 있다는 것을 느낄 수 있는 곳이 여러 곳 있습니다. 각 지역 교육청, 연수원을 보면 이전에 비해 현장 교사들이 자신의 경험을 체계화하여 강의하는 비율이 매우 높아졌다는 것을 선생님들도 피부로 느끼실 것입니다.

국내 최대 인터넷 서점인 YES24의 교육 관련 도서 판매 현황을 분석해보면 이를 좀 더 명확하게 확인할 수 있습니다. 이 글을 쓰는 4월 18일 현재 판매량 100위권 이내의 책들을 살펴보면 다음과 같습니다.

- 외국 서적의 번역서 21권
- 국내 교사들이 직접 쓴 책 51권
- 대학교수들이 쓴 책 10권

- 기타 전문가들이 쓴 책 17권

- 교사 출신 장학사가 쓴 책 1권

　가장 많이 팔리는 책의 절반이 현장 교사들의 책이라는 게 놀랍습니다. 놀랄 일이 아니라 당연한 일이지만, 이런 현상은 최근에야 나타나기 시작한 것입니다. 인터넷 서점의 판매량이기 때문에 수시로 변하겠지만, 한동안은 이 정도의 비율로 판매되리라 예상합니다. 대한민국 교사들에게 좀 더 많은 영향을 미친다고 할 수 있는 책을 많이 낸 저자들도 살펴볼까요?

- 난우초등학교 허승환 선생님의 책 5권

- 정신과 의사, 대안학교장 김현수 원장님의 책 4권

- 청주교대 이혁규 교수님의 책 2권

　교수 중에 가장 선전하고 계신 이혁규 교수님도 교수 이전에 교사로 몇 년을 지내셨기 때문에 이러한 흐름에서도 빛을 발하고 계신다고 생각합니다. 김현수 원장님은 정신과 의사라는 전문 영역의 지식과 대안학교 운영의 경험이 어우러져 교사들에게 큰 도움이 되는 강연과 책을 쓰고 계십니다. 100권 중 5권의 저자이신 허승환 선생님은 20년 가까이 '예은이네'라는 교육자료 공유 사이트를 운영하고 있으며 8권의 책을 쓰셨습니다.

　사실 실천교육교사모임이 만들어지는 데 결정적 역할을 한 것은 권재원 선생님이 쓰신 『학교라는 괴물』이었습니다. 이 책을 읽은 사람들이 모여서 함께 이야기 나눈 것이 계기가 되어 3개월 만에 전국모임으로, 6개월 만에 비영리단체로 성장했으니까요.

좋은교사운동 연구실천 프로젝트 X 콘퍼런스에서 이혁규 교수님께서 강연하신 이야기를 조금 소개할까 합니다.

교육학을 이론교육학과 실천교육학으로 나누었을 때, 실천교육학의 헤게모니가 교사에게 완전히 넘어갔다.
우리는 독립하는 순간 연대해야 합니다.

교사를 넘어서는 공동체
실천을 위한 지식(Knowledge for practice)
실천 속의 지식(Knowledge in practice)
실천의 지식(Knowledge of practice)
– 카크란 스미스 & 라이틀(Cochran Smith & Lytle)

이 강연에서 소개하신 카크란 스미스 & 라이틀의 이론을 요즘 우리 교육계의 흐름과 연관하여 좀 더 살펴보겠습니다.

'실천을 위한 지식'은 학자들이 연구를 통해 만든 교사들의 실천을 위한 지식입니다. 교사들이 대학에서 배운 것들이라 할 수 있습니다. 이 또한 외국 이론이 대부분이어서 우리의 실천과 연구를 통해 만들어진 지식은 그다지 많지 않았습니다.

'실천 속의 지식'은 현장 교사들이 교육 실천을 기록하고 성찰하여 체계화한 지식입니다. '실천을 위한 지식'에 비해 실천 가능성이 크고 책과 현장 연수와 연계되기 때문에 현장 교사들이 선호하는 지식이라 할 수 있습니다. YES24 판매량 100위 내의 51권의 책들이 바로 '실천 속의 지식'이라고 할 수 있습니다.

앞서 논의한 실천을 위한 지식이 학자들이 창출한 지식을, 실천 속의 지식이 현장 교사들이 창출한 지식을 전수하는 모델이라면 세 번째 '실천의 지식'은 가르치는 자와 배우는 자가 구분되지 않고 서로 가르치고 배우는 탐구공동체를 통해 생성되는 지식입니다. 즉 초임 교사, 경력 교사, 수석교사, 교감, 교장, 장학진, 교사 교육자, 대학교수, 지역사회의 공동체 구성원이 동등하게 참여하는 탐구공동체에서 이루어지는 것입니다.

이전에는 실천을 위한 지식이 가장 중요하게 여겨졌다면, 지금은 실천 속의 지식이 가장 활발하게 나눠지고 있습니다. 그렇다면 앞으로는 실천의 지식 시대라고 할 수 있습니다. 실천의 지식 시대라고 해서 '실천을 위한 지식'이나 '실천 속의 지식'이 중요하지 않은 것은 아닙니다. 과거에는 지식을 만들어내는 사람이 대학교수들이었고 현재는 현장의 유능한 교사들이 만들어내고 있다면, 앞으로는 모든 사람이 협력하여 '실천 속의 지식', '실천을 위한 지식'을 만들어내고 나누면서 더욱 발전시켜가는 시대가 될 것입니다.

딱! 이 시점에 실천교육교사모임이 만들어진 것입니다. 그리고 이 모임에는 현장 교사만이 아니라 수석교사, 교감, 교장, 장학진, 교사교육자, 대학교수, 지역사회 운동가 등 다양한 사람이 참여하고 있습니다.

어떻게 이야기 나눌 것인가

세종 온빛초에서 처음 실시한 워크숍 1부(오전)는 테드 형식 15분 강연으로, 2부(오후)는 모든 교사가 모둠을 이뤄서 원하는 학교, 원하는 교육을 만들어가는 오픈스페이스(Open Space) 토의 방식으로 이루어졌습니다. 1부는 앞서 논의한 현장 교사들의 '실천 속의 지식'을 짧지만 강렬하게 나누는 자리이고, 2부는 모든 참여자가 '실천의 지식'을 만들어가는 자리라 할 수 있습니다.

전북교육연수원에서 열린 두 번째 워크숍의 진행자 역할을 맡고서 200여 명의 참여자 모두 적극적으로 참여하여 '실천의 지식'을 만들어가는 데 효과적인 방법이 무엇일지 계속 고민했습니다. 1부에서 진행되는 테드 방식은 '실천 속의 지식'을 강사들에게 배우기 좋은 방법입니다. 게다가 한 자리에서 이렇게 다양한 강사들에게 핵심을 배울 수 있다는 것은 대단히 매력적이기도 하고요. 하지만 우리가 고민한 부분은 이것을 넘어서는 것이었습니다. '실천 속의 지식'을 넘어서 '실천의 지식' 참여한 '모두가 자신의 삶을 이야기하고 나누며 함께 성장'할 수 있기를 바랐습니다.

지적 행동이 일어나는 사고과정을 분석하여 지능을 3가지로 파악한 스턴버그(R. J. Sternberg)의 삼원지능을 활용하여 좀 더 자세하게 이야기할까 합니다.

요소-분석적 지능(Analytical intelligence)

경험-창의적 지능(Creative intelligence)

맥락-실천적 지능(Contextual subtheory)

요소-분석적 지능은 새로운 지식을 습득하고 문제를 해결하는 등 가장 기본적인 지능입니다. 교사에게 있어서는 얼마나 많은 교육적 지식을 알고 있는가에 해당합니다.

경험-창의적 지능은 경험 속에서 통찰력을 통해 새로운 생각을 해내고 연결하는 창의적인 지능입니다. 교사가 자신의 교육 실천을 성찰하면서 새로운 지식을 만들어내는 것에 해당합니다.

앞서 논의한 '실천을 위한 지식'은 '요소-분석적 지능'과 '실천 속 지식'은 '경험-창의적 지능'과 연결해서 살펴볼 수 있습니다. 교사들은 대학이나 연구회에서 배운 '실천을 위한 지식-성분 요소로서의 지식'을 실천하면서 다양한 경험을 합니다. '경험-창의적 지능'을 발휘하여 새로운 문제를 해결하면서 통찰력을 발휘하고 새로운 지식체계를 구조화해내기도 합니다. 모든 교사가 이런 과정을 거칩니다만 교사교육자로서의 교사들은 한 단계 더 나아갑니다. '맥락-실천적 지능'을 활용하여 경험 속에서 통찰하고 정리한 것을 문자와 도표로 체계화합니다. 이렇게 만들어진 지식이 바로 '실천 속 지식'입니다.

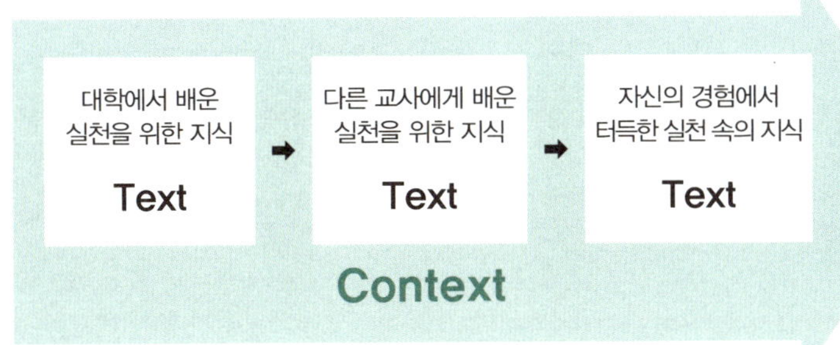

비슷한 지식(Text)이 여러 차례 이어지면 맥락(Context)이 만들어집니다. 하나하나의 지식(Text) 사이의 연결을 파악하고 의도적으로 구조화하고 활용할 수 있는 능력이 맥락-실천적 지능이라 할 수 있습니다.

교사들은 이미 많은 지식(Text)을 가지고 있고 실제 교육현장에서 이를 활용하면서 새로운 지식(Text)을 만들게 됩니다. 여기서 맥락-실천적 지능을 발휘하는 교사들이 있습니다. 다양한 지식(Text) 사이의 관계와 흐름, 실제로 적용하고 문자로 정리할 수 있는 맥락(Context)을 다룰 수 있게 되는 것입니다. 교사들은 대학과 연구회 등을 통해서 많은 지식(Text)을 배우고, 교실에서 실천을 통해 다양한 경험(Text)을 합니다. 그리고 어떤 교사들은 그렇게 다양한 지식과 경험(Text)에서 의미 있는 맥락(Context)를 찾아내고 체계화합니다. 이런 과정을 통해 만들어진 지식이 바로 '실천 속 지식'이라고 할 수 있습니다. 이런 실천 속 지식이 교육 도서 100권 중 51권에 이르는 시대가 되었습니다.

이제 다음 단계는 바로 모든 교사가 이런 맥락-실천적 지능을 활용하여 배운 것과 경험한 것들에서 자신의 지식을 구조화해내고 서로 나누면서 함께 성장하는 것입니다. 이것이 바로 오후에 진행된 2부 '우리 나눈 이야기, 씨앗이 되어'의 핵심입니다. 이런 생각을 현실에서 어떻게 구현해낼 것인가가 중요한 문제였습니다. 200여 명의 참가자가 어떻게 하면 배운 것과 경험한 것 사이의 맥락을 찾아내어 자신의 지식을 구조화할 수 있는 힘을 발휘하게 할 것인가? 장소 답사를 하고 나서는 마음이 더욱 복잡해졌습니다.

우리 삶이 힘이 되는 방법

나의 삶이 주로 나 자신과 가까이에만 영향을 미칠 수도 있고, 더 많은 사람에게 영향을 미칠 수도 있습니다. 더 많은 영향을 주고받기 위해서는 만나서 이야기를 나눠야 합니다. 내 생각이 말이라는 몸을 입고 세상에 태어나 듣는 사람에게 영향을 미치게 됩니다. 그 말로 인해 어떤 사람은 크게 변화하기도 하지만, 대부분의 말은 곧 사라집니다.

소중한 생각이 더 오래 이어지고, 더 많은 이에게 전해지려면 말이라는 몸 말고 다른 몸을 입어야 합니다. 대표적인 것이 글과 그림이고 음악과 영상입니다. 내가 배우고 경험한 것에서 나온 내 생각을 글로 쓰고 그림으로 그리며 노래와 영상으로 기록해야 합니다. 실제로 책을 낸 교사들의 공통적인 특징은 기록을 많이 한다는 것입니다. 기록을 해봐야 다양한 지식(Text) 사이에서 맥락(Context)을 파악하고 새로운 지식 체계를 구성할 수 있기 때문입니다.

"자~ 그러니 우리 지금부터 우리의 삶을 기록합시다. 이것이 실천 속 지식을 만드는 방법입니다."

이렇게 말하고 나니 말은 좋은데 뭔가 좀 아쉽습니다. 이런 기록에 대한 열정이 생기지 않고 생겼다 하더라도 잘 유지되지 않는 것을 어떻게 합니까? 저의 삶을 돌아보면 이에 대해 도움이 될 만한 사건이 있습니다. 2003년 8월 7일(목) 인디스쿨 모임을 갖고 이어진 술자리에서 그때 가방에 있던 저의 기록을 담은 공책을 꺼내서 함께 술 마시던 선생님들께 보여드렸습니다. 그 기록을 보고 여러 선생님께서 공책에 한 마디씩 써주셨습니다. 침이 많이 튀었다는 이야기와 함께.

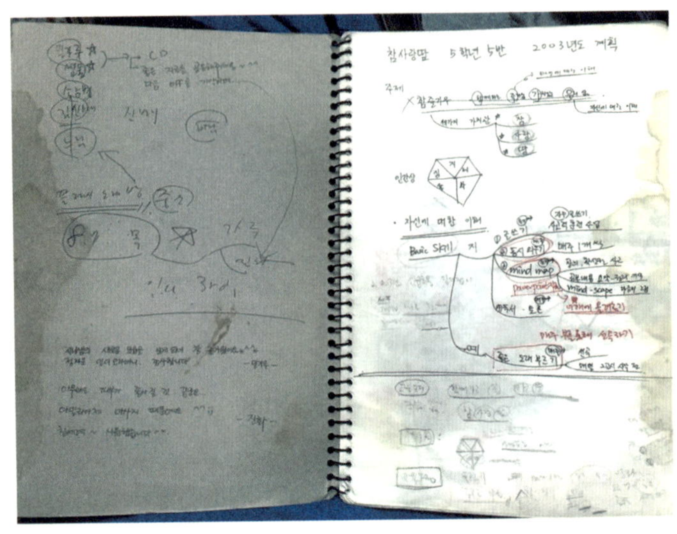

다시 만나서 공부하자는 그 말에 우린 공부 모임을 만들었고, 우리가 공부한 내용을 정리하여 문집으로 만들었습니다. 박광철 선생님은 저의 기록을 보고 "이건 책으로 내야 해"라고 격려해주셨습니다. 그 격려에 힘입어 몇 권의 책을 내게 되었습니다. 경험하고 기록한 것을 서로 나누며 격려하다 보니 이렇게 '실천 속 지식'을 만들게 된 것입니다.

귀뚜루루루~ 보내는 내 타전 소리가
누구의 마음 하나 울릴 수 있을까.

– 안치환, '귀뚜라미' 중

나의 삶이, 나의 기록이 누구의 마음 하나 울릴 수 있다면 참 좋겠습니다. 이런 한 사람의 울림이 다른 사람들에게 전해지고 모여서 함께 교실과 학교를 변화시켜가야 합니다. 교사는 교장의 명에 따라 교육하는 것이 아닙니다. 초·중등교육법 20조 4항에서 '교사는 법령에서 정하는 바에 따라 학생을 교육한다'고 명합니다. 교사는 법령에 따라 교육해야 할 뿐 아니라 좋은 교육을 하기 위한 법령을 만들기도 해야 합니다. 이번 모임에서 신동하 선생님께서 '교사가 만드는 법 이야기'에 대해 이야기해주셨습니다. 우리 사회에서 가장 큰 힘이 되는 것을 바로 우리의 마음이 글이 되고 법이 되는 것입니다.

모두가 함께 나누고 자신의 지식을 구조화할 수 있는 경험을 할 수 있게 하려면 어떻게 진행해야 할 것인가 고민하면서 다양한 방법을 찾아다녔습니다. 짧지만 강렬한 강연을 해주시는 강사님들의 이야기도 중요하지만 참가한 사람들이 자신의 이야기를 나누는 것도 대단히 중요합니다. 이를 효과적으로 이끌어 낼 수 있는 방식, 플랫폼이 필요했습니다.

타운홀 미팅, 월드카페, 삼인토의, 사람 책 도서관 등을 직접 참여해보고 작은 워크숍으로 운영해봤습니다. 그런데 180여 명의 선생님과 체

사람 책 도서관(Human Library)	삼인토의
덴마크의 로니 아버겔(Ronni Abergel)이 창안한 사람 책 도서관은 이야기를 나누고 싶은 사람이 도서관에 등록하여 사람 책이 되고 이 이야기를 듣고 싶은 사람들이 신청하면 만나서 함께 이야기를 나누는 도서관입니다.	세 사람이 모여서 이야기를 나누고 헤어져서 다른 세 사람이 모여서 이야기를 나누는 방법입니다. 논어 술이편에 '三人行 必有我師' 세 사람이 같이 가면 반드시 나의 스승이 있다고 합니다.
월드카페	토크 쇼
카페 같은 편안한 공간에서 창조적으로 집단토론하는 방식으로 각 주제를 다루는 테이블에 호스트 1명을 두고 참가자들이 돌아가면서 토론하고 공유하는 방식입니다.	참가자 중 몇 명을 무대로 초대해서 주제에 대해 사회자와 이야기를 나눕니다. 다른 참가자들에게 질문들 받고 답을 하기도 하며 토크 쇼처럼 진행합니다.

육관 바닥에 앉아서 어떻게 할 것인가 그림이 그려지지 않았습니다. 이렇게 고민을 거듭하면서 우리의 목적과 상황에 맞도록 기존의 방법들을 통합해서 새로운 방식을 만들게 되었습니다.

'세 사람 도서관'

많은 참가자의 생각을 모으고 나누기 위해 위의 4가지 방법의 개념과 절차를 통합적으로 활용했습니다. 좀 더 자세히 살펴보겠습니다.

1) 우리는 강사들의 이야기를 듣기 위해 이 자리에 모인 수강생이 아니라, 자기 삶의 주인으로서 책을 쓰면 몇 권으로도 모자랄 자기만의 이야기가 있는 사람들입니다. 즉 우리는 모두 사람 책입니다.

2) 제공된 공책에 다른 사람들에게 들려주고 싶은 자신의 이야기를 간단하게 기록합니다. 아직은 글로 풀어져서 세상으로 나오지는 않았지만 첫 문을 여는 기록입니다. 이 기록은 사람 책에서 종이 책으로 연결되는 씨앗이 됩니다.

3) 편안한 공간에서 세 사람이 만나서 창조적으로 자신의 이야기를 들려주고 다른 사람의 이야기를 듣습니다. 그중 마음에 남는 것을 자신의 공책에 기록하고, 들려준 사람의

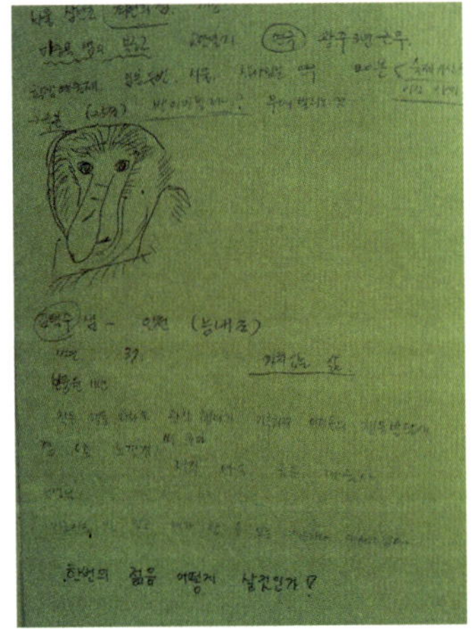

공책에 감사와 격려의 글을 씁니다. 서로의 씨앗에 물을 주고 거름
을 주는 것입니다.

4) 이 과정을 통해 배우고 느끼고 실천하고 싶은 것을 포스트잇에 기
록해서 붙입니다. 그중 몇 장을 고르고 쓴 사람은 앞으로 나와 의자
에 앉아 토크 쇼로 이야기를 나눕니다.

세 사람 도서관에서 가장 중요한 것은 위의 과정을 거치고서 집으로
돌아갈 때 자신의 공책을 가지고 간다는 것입니다. 나의 이야기가 적혀
있고 그것에 관해 이야기를 나누며 서로 주고받은 글이 남아있는 공책
입니다. 나의 이야기, 우리가 나눈 이야기가 씨앗이 되어 싹이 돋고 줄
기를 세우고 잎을 내고 꽃을 피우고 열매를 맺게 되겠지요.

활동에 참여하신 선생님들의 이야기를 들어보겠습니다.

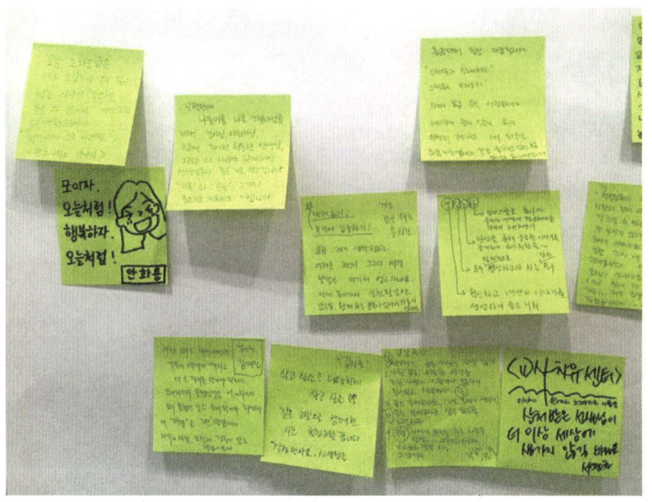

- 사람을 만난다는 건 그 사람 인생을 만나는 것이다. 공유하는 즐거움을 느끼는 하루였습니다.
- 어느 멋진 날. 가슴이 울렁거리고, 가끔 울컥하기도 하고, 재밌고 즐겁고 행복한 시간이었습니다._김란영
- 오늘 모인 선생님 모두 표정이 밝고 의욕이 넘쳐 보입니다. 행복합니다. _백준수
- 교사라서 행복해요. 오늘에 딱 어울리는 말이네요. 서로 힘이 되어주고 마음 담은 눈빛으로 힘이 나는 지금 이 순간 행복과 눈이 마주쳤어요.
- 학교에서 민주적인 분위기를 형성하는 가장 큰 힘은 교사들이 모이는 것에서 시작하는 것이라 생각했다. 학교에 돌아가 작은 모임부터 꼭! 꼭! 시작해 봐야겠다._노재헌
- 짧은 시간에 타인의 삶을 듣고 알게 되어 기분이 유쾌하고 행복했습니다.

자발적으로 참여한 이번 연수에서 동시대를 살아가고 있는 선생님들의 노력을 알게 되었고 나 역시 그렇게 살아야겠다는 생각을 했다. 지금까지도 잘 살고 있지만. 내 꿈을 이뤄야지.

• 오늘을 통해서 다들 비슷한 고민과 감정을 안고 살아간다는 것을 깨닫고, 따뜻한 위로와 웃음을 얻었어요. 처음 보는 사이인데도 서로의 이야기에 귀 기울이고 공감할 수 있는 것은 우리가 같은 마음으로 이 자리에 모였기 때문인 것 같아요. 오늘의 고민이 밑거름이 되어 여기 모인 선생님들이 항상 행복하셨으면 좋겠어요._김정은

• 살아있는 사람들의 모임. 살아있으니 불만을 토로하고 고민하고 생각하고 이야기하고 몰입하고 반하기도 하는 것 같습니다. 저도 저만의 공간, 저만이 몰입할 수 있는 영역을 찾아 교육의 도구로 승화시키고 싶네요. 제도화되어 생명력을 잃은 많은 연수 중 간만에 만난 자궁 같은 자리._정성현

• 탈진 증후군. 많은 역할을 해내야 하는 우리 교사들. 어떻게 견디며 살아가나 지치는 날들. 같은 하늘 아래 같은 고민을 하는 사람들이 있다. 그래서 나는 혼자가 아니다. 낮은 곳에서 나는 외딴 섬이나 높은 곳에서 우리는 군도다._고은영

• 새로운 네 선생님의 이야기를 듣고 우리 학교와 다른 상황에서 고민하는 선생님들의 이야기를 통해 마음의 위안이 되었습니다. 내일 당장 실천할 묘안은 없지만, 다시 한 번 희망을 갖고 도전해보고자 합니다._강정수

• 재밌었어요. 좋은 책을 집었을 때의 가벼운 흥분을 좋은 사람들을 만나 이야기를 나누며 느낄 수 있었습니다._권태인

• 기록의 힘과 내려놓기의 힘을 믿고 실천해보고 싶은 마음을 갖게 되었습니다._김혜림

- 교사들이 자발적으로 모여서 학교 이야기를 한 축제 같은 이 모임이 좋습니다. 진정한 교육 축제가 계속 이어져서 학교에 있는 교육공동체 모두가 행복하게 변화되면 좋겠습니다._정미화

- 보석 같은 선생님들과의 만남, 귀한 나눔, 검사하고 행복했습니다. 좀 더 많이 공부하고 고민하고 성장해서 좀 더 나은 멋진 내가 되고 싶습니다. 쫄지 않고 당당한 교사 강수정이 되고 싶어요._강수정

- 간만에 찾은 교사로서 설렘! 신규 선생님들의 이야기를 들으면서 선배 교사로서 미안한 마음 가득합니다. 그들의 열정을 응원하는 누군가가 '꼭' 있는 학교를 꿈꿉니다._이경원

- 듣기의 힘! 말하기의 힘! 말하기로부터 혁명이 이미 시작되었어요. 교육 르네상스에 동참할게요._김현진

- 오랜만에 나들이 나온 기분이었습니다. 강사님, 사회자님, 함께 도서관 활동한 선생님. 기록과 공유 2가지 중요한 키워드를 새깁니다.

- 세 사람 도서관에서 만난 선생님 모두 좋았습니다. 이제 나의 지향점을 분명히 해서 나의 시간을 실천으로. 행복한 아이들을 위해._심지선

- 신규로서 가지고 있던 고민을 풀어놓고 함께 대화 나누었습니다. 학폭, 교재연구, 공동체… 좀 더 고민하고 발전하는 그런 교사가 되겠습니다. _심규동

- 세 사람 도서관 두 번째 모임에 참석해서 최진희, 박원남 선생님을 만났다. 광주, 함양, 진안 지역의 학교 모습과 교육에 대한 생각을 나누며 현재 지역의 모습은 조금씩 다르지만, 점점 닮아가고 나아지는 방향으로 나아갈 거라는 기대와 희망이 보인다._장영순

- 토론방식 마음에 듭니다. 학교 워크숍에 활용해보고 싶습니다._소미영

- 함께 할 수 있는 일을 소소하게 풀어가는 방법을 나도 좀 더 생각해 봐야겠다. 기록!! 한꺼번에 하려고 부담 느끼지 않기._신혜영

앞으로 이어질 이야기

모임이 끝나고 두 달 후 실천교육교사모임 페이스북에 박고은 선생님의 글이 올라왔습니다.

2015년 10월 31일 김김재진 샘 덕분에 실천교육교사모임을 알게 되었고, [새벽을 깨우고] 전북교육연수원에 갔었다.

재진샘은 교통봉사를 하고 있어 강의실에 앉았을 때는 낯섦. 그 자체였다.

마술사 김택수 선생님의 공연을 보고 깜짝 놀라기도 했고, 재미있고 즐거워서 낯설었던 긴장감은 일순간 정말 마술처럼 사라진 것 같았다. "와우~"

『교사가 교사에게』를 읽고 꼭 만나고 싶었던 이성우 선생님도 뵙고, 그동안 도움받았던 인디스쿨의 운영자 이태정 선생님도 만나고 하루에 이분들과 얼굴 보고 이야기를 한다는 것이 기쁨이었다.

그리고 그곳에서 알게 된 정유진 선생님. 오후에 선생님들끼리 선생님들의 이야기를 나누어 보며 무엇이든 기록해 보라고 만들어 준 노란 책자를 선물 받고 그 정성에 감동을 받았다. 꼭 [세 사람 도서관]을 다 채우고 나면 글을 올려야지 하고 다짐했다.

한 달 반 정도가 걸렸구나! 하나밖에 없는 이 책을 만드는 데…. 이 책에는 짧은 만남 긴 여운을 남긴 송희진 선생님, 이성기 선생님, 최현희 선생님, 김택수 선생님의 사인이 있고(영광이어라~), 나의 짤막한 파편화된 생각들, 책을 읽으며 마음속에 울림이 있었던 문구들, 민중

총궐기대회에 가서 느꼈던 생각, 몇 개의 자발적 연수에 가서 느꼈던 생각이 적혀 있다.

정유진 선생님이 "기록하지 않으면 사라진다. 나누지 않으면 정교해지지 않는다"고 이야기한 것이 가장 좋다!

실천교육교사모임을 통해 난 나와 같은 길에 있지만 다양하게 걸어가는 선생님들을 만났고, 나도 당당하게 내 길을 즐겁게 재미있게 신나게 걸어가야겠다는 생각이 든다.

이날 나눈 우리의 이야기 마음에만이 아니라 공책도 씨앗이 되어 지금도 싹이 나고 꽃이 피고 열매를 맺고 있을 겁니다. 이 이야기들을 다시 만날 그 날을 설레는 마음으로 기다립니다. 함께하니 참 좋습니다.

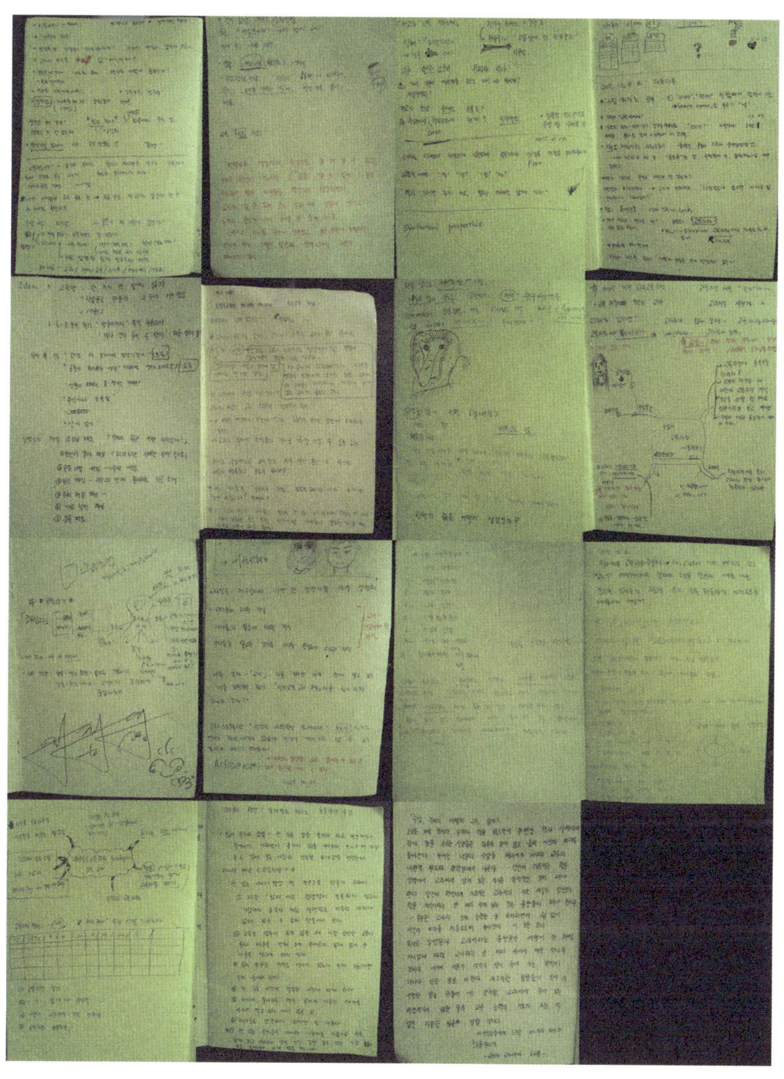

내가 실천교육교사모임에서
꿈을 꾸는 이유

■ 천경호(안산대월초등학교 교사)

페이스북이었다. 이 모임이 시작된 진원지는.

일면식도 없는 전국의 선생님들이 그렇게 온라인을 통해 서로 이야기를 주고받다 온라인을 통한 소통에 한계를 느끼고 오프라인 모임을 갖게 되었다. 그냥 모여서 교육에 관한 철학과 실천을 서로 나누다 보니 시간이 너무 빨리 지나갔다. 이대로 헤어지기에 우리는 너무 아쉬웠다. 그래서 다음을 기약했다. 우리의 뜻을 알리고 함께할 선생님들을 찾았다. 그런데 세상에… 짧은 시간에 300여 명이 넘는 선생님이 참여 의사를 밝히셨다. 그렇게 세종에서의 1차 교사가 만들어가는 교육 이야기를 가졌다. 교육 이야기가 끝난 후에도 우리는 가슴 속 갈증이 해소되지 않았다. 그런 우리의 열망은 다시금 전북에서 그 불을 밝히게 되었다.

세종, 전북… 도대체 무엇 때문에 수백 명의 선생님이 가족이나 친구들과 함께하고픈 주말에 그 먼 길을 자기 돈을 내고 한달음에 달려왔을까? 무엇이 사람들을 스스로 이 자리에 모이게 했을까? 아니, 나는 왜 이 모임을 잠을 설쳐가며 고대하고 달려왔을까? 그 까닭을 정리해보았다.

실천교육교사모임은

1. 승진과 업무, 남의 이야기가 아니라 교육, 수업, 아이들 그리고 나의 이야기로 채워져 있다.
2. 일개 교사의 실천이 이곳에서 정서적으로, 이론적으로 확인 및 지지를 받는다.
3. 교육에 대한 자유로운 상상, 그 자유로운 생각을 표현하고 함께 나눌 기회가 주어진다.
4. 표현한 생각이 모임 구성원의 지지를 받는 순간 현실로 만들어진다.
5. 내가 좋은 교사인가, 나의 교육에 대한 생각과 행동이 누가 봐도 교육적인가를 지지받거나 확인받는 곳으로 느껴진다.
6. 책이나 소문으로 알았던 훌륭한 선배 교사들이 실제로도 훌륭하다는 것을 직접 만나서 확인하게 된다.
7. 일개 교사의 외연이 단위 학교와 소속된 지역을 넘어 전국으로 확대되어간다.
8. 실천과 이론, 지지와 격려로 더 나은 교사가 되기 위한 노력을 서로 촉진한다.
9. 책상 앞에만 있지 않고 흥에 몸을 맡길 줄 아는 여유를 지닌 감성과 더불어 현장의 고민에 대한 해답을 이론적 바탕을 통한 실천적 경험으로 채워가는 깊은 지성을 추구한다.
10. 교사로서의 꿈을 잃지 않으려고 애쓰는 교사들이 모여서 자신이 지닌

꿈을 오래도록 간직하고 더 나아가서 그 꿈을 실현할 수 있다는 희망
이 점점 부풀어 오른다.

전북에서의 2차 모임이 끝나고 실천교육교사모임이 어디로 갈지, 어
디까지 갈지에 대한 의문이 들었다. 아니다. 의문이 아니라 이건 기대
다. 지금껏 겪어보지 못한 일들이 벌어지고, 이 일이 앞으로 어떻게 펼
쳐질지에 대한 기대가 점점 커졌다.

도대체 나는 왜 실천교육교사모임에 그 어떤 기대를 계속 품게 되는
것일까?

그 첫 번째 이유는 절망 때문이다. 민주주의를 가르쳐야 하는 학교의
비민주적 운영에 대한 절망. 타인에 대한 사랑과 모두를 위한 정의를 배
워야 하는 학교에서 타인의 불행 위해 자신의 행복을 구축하게 하는 경
쟁과 서열을 경험하게 하는 절망. 개인의 노력으로 넘어설 수 없는 제도
의 옥죄임에 대한 절망. 전문적 지식을 배우고 익혀도 경력과 경험으로
왜곡된 압력에 굴복하게 되는 교직의 서열문화(승진제도)에 대한 절망.

그 교육현장에서 겪는 절망의 반복적인 경험은 일개 교사를 깊은 무
기력을 이끌었다. 어느새 교사로서 자신의 꿈을 잃어버린 채 무기력하
게 지냈던 나를 알아채고 그 무기력을 이겨낼 희망을 찾아 헤매다가 만
난 인연이 바로 이 모임이 아닐까 싶었다.

내가 이 모임에 나도 알지 못하는 그 어떤 기대를 계속 품게 되는 두
번째 이유는 희망 때문이다. 그 희망은 무엇일까?

11년 전 몇몇 신문에 전국 대다수의 초, 중고등학교에서 석면이 검
출되었다는 기사가 나왔다. 2016년 현재 서울시 소재 1,940개 학교 중

1,504개의 학교에서 석면이 검출되었다고 한다. '아이들은 우리의 미래'라고 말하지만, 우리 사회는 그 미래를 석면에 노출시킨 채 침묵하고 있다. 학교는 기업이 원하는 인재를 만드는 곳이어야 한다는 주장에 밀려 이윤을 추구하는 기업들이 지어 놓은 중금속으로 오염된 우레탄 운동장, 낮은 원가의 폐타이어로 만든 인조 잔디 위에서 아이들을 뛰어놀게 하고 있다.

이러한 사회를 위한 교육, 기업을 위한 교육이 아닌 아이들을 위한 사회, 교육을 위한 사회를 만들기 위해 일개 교사가 할 수 있는 일은 아무것도 없다. 그래서 연대가 필요하다고 생각했다. 개인의 노력으로 학년을 바꾸고, 학교를 바꾼 사례를 보았지만, 사회를 바꾼 예를 본 적이 없었기 때문이다. 어떻게 세상이 진보했는지, 인간의 인권이 어떤 과정을 거쳐 지금에 이르렀는지를 보면 답을 찾을 수 있다. 출신이나 학력의 고하와 상관없는 평범한 사람들이 무엇을 꿈꾸던 그 이상의 결과를 만든 배경에는 언제나 사람과 사람 사이의 연대가 있었다는 것을 알 수 있다. 그래서 바로 실천교육교사모임이 교사들의 마음을 이어주는 연대가 되고, 그 연대가 아이들을 위한 교육, 그러한 교육을 이뤄가기 위한 사회를 구축하는 바탕이 될 거라는 기대를 하게 된다. 그래서 언젠가는 이 모임이 교육을 위한 사회로의 전환에 힘을 미치기 위해서 아마도 새로운 교원단체로 성장해야 한다는 희망을 품어본다.

학교 선생님들과 밤새 이야기 끝에 이런 이야기가 나왔다.

"교사들의 생각을 대변하고, 실현해갈 단체가 없다."

이런 이야기를 십 년 넘게 듣기만 했다. 교원단체들의 모습을 멀리서 지켜만 보며 뒷짐 지고 있었다. 그간의 경험이 비춰보건대 그들에게 내가 가진 교사로서의 꿈은 그저 이상이나 개인적 바람으로 치부될 것이 뻔했기 때문이다.

그런데 이런 나와 비슷한 고민을 하는 실천교육교사모임의 선생님들을 만났고, 그렇게 교사로서 교육에 대한 꿈을 꾸는 교사들의 연대가 현실로 이뤄질 거라는 희망을 품게 되었다.

지식채널e의 '모두의 고속도로'를 보고서 이 모임의 미래에 대해 생각한 것이 하나 있다.

경부고속도로.

전국에 2대밖에 없는 포크레인과 턱없이 부족한 기계장비 등으로 대부분 사람의 손에 의해 만들 수밖에 없었던 428km의 경부고속도로.

국가가 처음으로 만드는 고속도로를 위해 자신의 땅을 헐값에 내어주는 애국심을 보여준 국민과 부족한 기술과 안전시설 그리고 위험한 공사로 목숨을 잃은 77명의 사람이 있었다는 사실을 나는 전혀 몰랐다.

우리의 모임이 앞으로 어디까지, 언제까지 성장할는지 알 수 없다. 다만 우리 모임의 방향은 이렇듯 보이지 않는 곳에서 꿈꾸고 실천하는 한 사람, 한 사람의 노고를 잊지 않고, 그 노고에 빛을 비춰가는 모임으로 만들고 싶다.

우리의 이 모임이 사람을 생각하고, 사람의 행복을 생각하고, 사람의 행복을 위한 성장을 생각하는 단체가 되면 좋겠다. 그래서 『교사독립선언』이라는 책처럼 사람을 위한 '교육'으로의 독립에 이르는 마중물의 되기를 진심으로 기원한다.

점점 발전해가는 내 모습을
기대하며

■ 송희진(경남 함양 지곡초등학교 교사)

어떻게 지내다 보니 벌써 교직 9년 차가 되었다. 내년이면 10년 차로 접어든다. 교직경력 10년이 되면 뭐든 척척 해낼 줄 알았다. 하지만 여전히 나는 부족한 교사다.

첫 발령 때가 생각난다. 시골 읍에서도 차로 30분 거리. 나는 자그마한 시골 학교에 발령받은 것이 못마땅했다. 집을 못 구해 아는 사람 하나 없이 쓸쓸히 남의 학교 사택에 살아야 했다. 사실 왜 교사를 해야 하는지, 어떤 교사가 되어야 하는지에 대한 생각보다 어떻게 하면 빨리 이곳에서 벗어날 수 있을까에 대한 고민이 더 컸다. 그렇게 나의 교직 생활이 시작되었다.

교사가 될 준비가 전혀 안 되었던 내가 학교를 잘 다닐 수 있게 된 것은 아이들 때문이었다. 외로운 초임지에서 아이들은 내 벗이 되어주었다. 학교에 남아 컵라면을 같이 끓여 먹어가며 공부하기도 했다. 아이들이 예뻐서 학교에서의 시간을 재미있게 보내고 싶었다. 그렇게 해서 생긴 수업에 대한 관심은 나를 참 많은 연수로 이끌었다. 그럴수록 '내 교실에서 이렇게 열심히 하다 보면 나도 전문가가 되지 않을까?'라는 기대도 생겼다. 연수에서 배운 많은 수업방법을 내 교실에서 적용해보려 애썼고, 나는 교실 안에서 꽤 열심히 노력했다.

그런데 다시 교직 생활이 어려워졌다. 일 년 반의 육아휴직을 끝내고 돌아온 학교. 오랜만에 복직해서였을까. 나는 아이들 앞에 서기가 두려워졌다. 시간이 지나면 해결될 것 같았지만, 어쩐지 더 잘해보려 애쓸수록 풀리지 않는 답답함이 계속되었다.

그런 내가 어느 정도 실마리를 찾았던 것은 페이스북에서 '이성우' 선생님의 글을 읽고 나서였다. 공개수업의 문제점과 허상에 대한 글이었다. 진정한 수업이 무엇인지 돌아보게 하는 그런 글이었다. 무언가로 한 대 얻어맞은 기분이 들었다. 무엇을 위해서 그렇게 수업을 잘하려고 애썼는지 나를 다시 돌아보게 했다. 아이들이 예뻐서 시작했던 노력이 어느 순간 변질되어가고 있음을 알게 되었다. 해를 거듭할수록 나는 좋아지고 있다고 생각했는데 그게 아니었다. 연구등급 실적은 쌓여갔지만, 정작 나는 수업이 무엇인지, 왜 해야 하는지에 대한 기본적인 생각에서조차 멀어지고 있었다. 아니, 그동안 깊이 고민해본 적조차 없었던 것 같았다.

나는 처음으로 돌아가야 했다. 그리고 다시 스스로 물어봤다.

"그럼 이제 어떻게 교사생활을 해야 하지?"

잘못된 것은 알지만 어떻게 해야 될지 모르는 답답한 마음만 있었던 어느 날이었다. 페이스북에서 '교사가 만들어가는 교육 이야기 2'에 이성우 선생님이 오신다는 것을 알게 되었다. 여기에 가면 답답한 체증을 해결할지도 모른다는 막연한 생각이 들었다. 그렇게 무엇에 홀린 것처럼 참가신청을 하고 그 날만을 손꼽아 기다렸다.

결론부터 말하자면 나는 아주 홀가분해졌다. 많은 선배 선생님의 이야기에서 그리고 함께 참여한 선생님들과의 대화에서 내가 가야 하는 '제대로 된 길'에 대해 생각해볼 수 있었기 때문이었다. 많은 연사 선생님은 제각각 다른 이야기를 하는 것처럼 보였지만, 그 속을 자세히 들여다보면 하나의 공통점이 있었다. 그것은 화려한 수업기술도 말솜씨도 아니었다. 바로 교사와 아이들과의 '따뜻한 관계'였다. 그분들은 하나같이 아이들 속에 흠뻑 빠져들어 갈 수 있는 열린 마음을 가진 분들이었다. 그리고 '따뜻한 관계'를 유지하고자 아이들의 삶과 미래에 대해 깊은 고민을 하는 철학가들이었다.

참 아이러니하게도 내 길을 다시 찾기 위해 나는 미숙한 신규시절로 돌아가야 했다. 그 어설펐던 모습으로 다시 돌아가서 찾아와야 할 것이 있었다. 바로 아이들을 바라보던 따뜻한 시선이었다.

그리고 한 가지 중요한 사실을 또 깨달았다. 교직에서 나의 고민을 함께 나누어 줄 동료가 절실하다는 것이다. 이곳에 와서 나는 다양한 선생님들과 이야기를 나누었다. 나와 비슷한 고민을 하는 선생님도, 다른 어려움으로 힘들어하는 선생님도 있었다. 처음 본 사람들이었지만, 내 이야기를 진지하게 들어주고, 함께 고민해주었다. 그때 만난 선생님들 덕분에 큰 힘을 얻고 돌아왔다. 내 주변에도 이런 고민을 나눌 수 있는 선생님들이 계신다면 참 많은 위안을 받을 수 있겠구나 생각했다.

막막했던 앞으로의 길이 좀 더 환해졌다. 나는 앞으로 남은 교직 생활동안 이 두 가지를 꾸준히 실천해보고 싶다.

첫째, 따뜻한 시선으로 아이들의 삶을 바라보고 함께 배워가는 것.
그리고 내 주변의 동료에게 내가 먼저 손 내미는 것.

이 두 가지를 조금씩 실천해보고 싶다. 아무래도 내 교직 생활의 두 번째 터닝 포인트는 '교사가 만들어가는 교육 이야기 2'가 아닌가 싶다. 언젠가 또다시 교직 생활이 희미하고 어두워질 때 이곳을 다시 찾아와 위안을 얻어 갈 수 있으면 좋겠다.

내 교직 생활의 시작은 참 미약했지만, 끝은 꽤나 그럴싸하게 마무리가 될 것 같은 좋은 예감이 든다. 점점 발전하는 내 모습을 보면 앞으로의 시간이 기대된다. 나도 언젠가는 내 이야기를 담은 책 한 권 정도는 냈으면 좋겠다. 그리고 마지막 교직 생활까지 나처럼 어디로 가야 할지 방황하는 후배 교사들에게 조금이라도 도움이 되는 일을 하면 좋겠다. 그때까지 '실천교사교육모임'이 흥해서 '교사가 만들어가는 교육 이야기 20회'쯤엔 나도 내 이야기를 들려줄 기회가 생기면 좋겠다. 왠지 그렇게 될 것 같은 좋은 예감이 든다. 자, 다시 시작이다. 점점 발전해가는 내 모습을 다들 기대해주시라.

"교육의 주체로 서서 당당하게 목소리를 내자!"

전국에서 모인 300명의 교사가 2015년 7월 11일 세종에서 펼친
'교사가 만들어가는 교육 이야기' 첫 번째 마당

현장과 동떨어진 교육정책, 고담준론만 일삼는 교육학에 소외받던 교사들이 모여
더 이상 수동적인 대상이기를 거부하고
교육정책과 교육학의 능동적인 생산자이자 주체임을 선언하다.

교사들이여, 분노하라! 교사들이여 괴물이 되라 **권재원** · 교과서 너머, 교육과정으로! 교육과정
너머, 교육과정 자율권 확보로! **이윤미** · 수업 중에 연극하자 **구민정** · 대마왕 차쌤이 당당하게
사는 법 **차승민** · 지친 교사를 위한 두 개의 작은 손길 **김성효** · 그림과 나눔 그리고 동감 **김차명**
· 나쁜 선생님 **박대현** · 10년 후, 1분 **정유진** · 학교를 바라본다는 것 **정성식**